LES BASIQUES
CUISINE ASIATIQUE

LES BASIQUES
CUISINE ASIATIQUE

JODY VASSALLO
PHOTOGRAPHIES DE CLIVE BOZZARD-HILL

MARABOUT

INTRODUCTION

Quand je pense à des recettes à la fois rapides, faciles et vraiment bonnes, je me tourne tout de suite vers la cuisine asiatique. La plupart ne demandent guère plus qu'un wok ou une grande poêle, et si vous avez déjà investi dans un cuiseur à riz, il suffit d'appuyer sur un bouton pour obtenir un riz parfait. Les ingrédients, je vous l'accorde, sont parfois un peu difficiles à trouver mais, aujourd'hui, de plus en plus de grandes surfaces proposent un rayon de produits asiatiques souvent très bien achalandé.

La réussite des recettes de ce livre repose avant tout sur la préparation des ingrédients, qui doivent tous être rassemblés et découpés avant d'entamer la cuisson. Ce qui explique que la plupart des plats cuisent en moins de 10 minutes.

Choisissez une recette au hasard dans l'éventail culinaire que vous propose ce livre (Thaïlande, Japon, Vietnam, Chine ou Indonésie) et laissez-vous guider par les photographies. Vous constaterez bien vite que la cuisine d'Asie est simple à préparer et vous disposerez rapidement d'un répertoire bien plus étendu que celui de votre traiteur habituel.

SOMMAIRE

1
LES ENTRÉES

2
LES VIANDES

3
LES VOLAILLES

4
LES PRODUITS DE LA MER

5
LES LÉGUMES

6
LES DESSERTS

ANNEXES

01

APPRÊTER UN WOK

❧ PRÉPARATION : 5 MINUTES • CUISSON : 20 MINUTES ❧

NOTE : Après chaque utilisation, le wok doit être lavé à l'eau chaude, mais sans savon. Le faire sécher sur le feu et le huiler légèrement avec un pinceau.

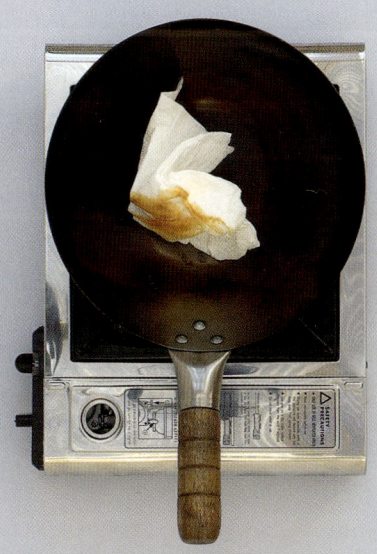

1	Laver le wok tout neuf à l'eau savonneuse pour enlever toute trace de rouille ou de gras. Rincer à l'eau froide et faire sécher.	2	Étaler au pinceau de l'huile (d'arachide) sur tout l'intérieur du wok.
3	Faire chauffer le wok à feu vif pour qu'il se couvre d'une couche noire. Laisser refroidir un peu. Essuyer avec du papier absorbant.	4	Répéter trois fois ces étapes : huiler, faire noircir, laisser refroidir et essuyer. Le wok est prêt quand il s'est « culotté » d'une couche protectrice.

02

FAIRE CUIRE DU RIZ

❖ **POUR 880 G DE RIZ CUIT** • PRÉPARATION : 5 MINUTES • CUISSON : 15 MINUTES ❖

265 g de riz jasmin ou de riz blanc

1 2
3 4

1	Rincer le riz à l'eau froide. Arrêter quand l'eau devient claire.	2	Mettre le riz dans une grande casserole, couvrir de 660 ml d'eau froide et porter à ébullition.
3	Quand des tunnels se forment dans le riz, baisser le feu au maximum et couvrir la casserole.	4	Laisser sur le feu jusqu'à ce que toute l'eau soit absorbée. Séparer ensuite délicatement les grains à la fourchette.

03

RIZ POUR LES SUSHI

POUR 880 G DE RIZ CUIT • PRÉPARATION : 5 MINUTES + 1 HEURE D'ÉGOUTTAGE • CUISSON : 20 MINUTES

330 g de riz à sushi

ASSAISONNEMENT
2 cuillerées à soupe de vinaigre de riz
1 cuillerée à soupe de sucre en poudre
2 cuillerées à café de sel

03

1 2
3 4

1	Laver le riz et le faire égoutter 1 heure. Le mettre dans une casserole avec 375 ml d'eau. Commencer par laisser bouillir 5 minutes.	2	Baisser le feu (cuisson au gaz) ou enlever le riz de la plaque (source électrique). Le couvrir et finir de cuire ou laisser gonfler 10 minutes.
3	Pour la sauce, faire chauffer les ingrédients afin de dissoudre le sucre. Verser sur le riz étalé sur un plateau. Bien mélanger.	4	Couvrir d'une serviette humide et laisser refroidir. Ce riz se garde 1 jour seulement. Il se prête à tous les types de sushi.

LES ENTRÉES

LES SOUPES

Tom yum goong 04
Tom kai gai 05
Soupe au poulet et au maïs 06
Soupe de miso 07
Soupe pho 08

AVEC LES DOIGTS

Rouleaux de printemps 09
Nems 10
Dim sum 11
Edamame 12
Gyosa 13
Maki sushi 14

LES HORS-D'ŒUVRE

Galettes de poisson 15
Toasts aux crevettes 16
Sashimi 17
Poulet satay 18

TOM YUM GOONG

POUR 4 PERSONNES • PRÉPARATION : 20 MINUTES • CUISSON : 15 MINUTES

8 à 10 grosses crevettes crues
4 gousses d'ail écrasées
3 blancs de citronnelle en fines rondelles
2 tomates bien mûres en quartiers

200 g de champignons de Paris coupés en deux (sans les pieds)
3 petits piments rouges coupés en deux
5 feuilles de combava

3 cuillerées à soupe de sauce de poisson
2 cuillerées à soupe de jus de citron vert pour servir (facultatif)

1	Décortiquer les crevettes en gardant les queues. Réserver les carapaces.	2	Les mettre à cuire dans une casserole avec 750 ml d'eau. Porter à ébullition.	3	Quand les carapaces sont roses, filtrer le bouillon et le reverser dans la casserole.
4	Ajouter tous les ingrédients restants, porter à ébullition et laisser frémir 5 minutes.	5	Terminer par les crevettes. Les laisser cuire 3 minutes. Ôter la casserole du feu.	6	Incorporer éventuellement le jus de citron et servir aussitôt.

TOM KAI GAI

POUR 4 PERSONNES • PRÉPARATION : 10 MINUTES • CUISSON : 10 MINUTES

5 cm de galanga frais
2 blancs de citronnelle
800 ml de lait de coco

3 petits piments rouges coupés en deux
4 feuilles de combava froissées
300 g de blancs de poulet émincés
2 cuillerées à soupe de jus de citron vert

3 cuillerées à soupe de sauce de poisson
2 cuillerées à soupe de coriandre fraîche
(facultatif)

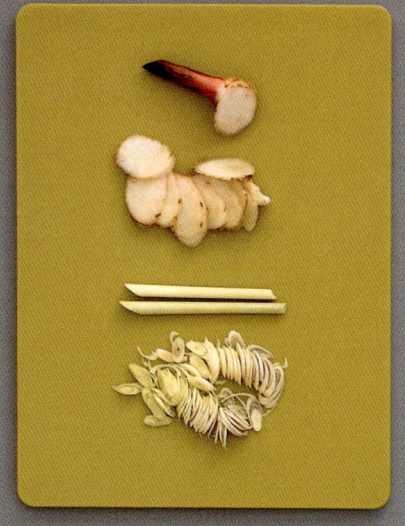

1	Couper le galanga et les tiges de citronnelle en très fines lamelles.	2	Les mettre dans une casserole avec le lait de coco, les piments et les feuilles de combava. Laisser frémir 5 minutes.
3	Ajouter le poulet et la sauce de poisson. Faire cuire encore 5 minutes pour que le poulet soit tendre.	4	Retirer la casserole du feu. Ajouter enfin le jus de citron et la coriandre ciselée.

SOUPE AU POULET ET AU MAÏS

❧ POUR 4 À 6 PERSONNES • PRÉPARATION : 5 À 8 MINUTES • CUISSON : 5 MINUTES ❦

3 épis de maïs
2 x 425 g de crème de maïs
300 g de blancs de poulet émincés

1 litre de bouillon de volaille
3 œufs
125 ml de lait concentré (non sucré)

du sel
½ cuillerée à café de poivre blanc moulu
2 oignons verts émincés

06

1   2   3

4   5   6

1	Avec un bon couteau, détacher les grains de maïs. Les mettre dans le bouillon.	2	Ajouter le poulet, porter à ébullition puis réduire le feu et laisser frémir.	3	Verser la crème de maïs et la réchauffer. Battre les œufs dans un bol.
4	Les incorporer délicatement au bouillon en remuant. Faire cuire 1 minute.	5	Verser enfin le lait concentré, saler et poivrer. Réchauffer le tout.	6	Servir la soupe dans des bols et la décorer d'oignon vert (facultatif).

SOUPE DE MISO

❧ **POUR 4 PERSONNES** • PRÉPARATION : 10 MINUTES + 10 MINUTES D'ÉGOUTTAGE • CUISSON : 10 MINUTES ❧

100 g de tofu ferme
1 cuillerée à soupe de wakame
1 cuillerée à café de dashi en granules

3 cuillerées à soupe de miso rouge (shiro miso)
2 oignons verts en très fines rondelles

1	Avec un couteau tranchant, détailler le tofu en petits cubes.	2	Faire tremper le wakame 10 minutes dans de l'eau froide. Bien l'égoutter.	3	Le mettre avec le dashi dans 1 litre d'eau brûlante et faire bouillir 10 minutes.
4	Délayer le miso avec un peu de bouillon chaud avant de le verser dans la casserole.	5	Répartir le tofu dans 4 bols. Réchauffer le bouillon sans le laisser bouillir.	6	Le verser bien chaud sur le tofu. Garnir d'oignon vert avant de servir.

SOUPE PHO

POUR 4 À 6 PERSONNES • PRÉPARATION : 20 MINUTES • CUISSON : 1 HEURE

1,5 litre de bouillon de bœuf
50 g de gingembre frais en fines lamelles
2 oignons coupés en deux
2 bâtons de cannelle
2 étoiles d'anis

3 clous de girofle
1 cuillerée à café de poivre noir en grains
3 cuillerées à soupe de sauce de poisson
600 g de nouilles de riz fraîches
100 g de germes de soja

225 g de filet de bœuf en fines lamelles
2 oignons verts en fines rondelles
2 cuillerées à soupe de coriandre fraîche
des quartiers de citron vert et du poivre noir concassé pour servir

1	Porter à ébullition le bouillon parfumé avec le gingembre, les oignons, les épices et la sauce de poisson. Couvrir et laisser frémir 30 minutes.	2	Filtrer le bouillon ; jeter les résidus solides. Remettre le bouillon dans la casserole pour le porter à nouveau à ébullition.
3	Répartir dans des bols les nouilles, les germes de soja et les lamelles de bœuf. Couvrir de bouillon très chaud.	4	Garnir d'oignon vert et de coriandre ; servir aussitôt avec les quartiers de citron et le poivre concassé.

ROULEAUX DE PRINTEMPS

➔ POUR 8 PERSONNES • PRÉPARATION : 30 MINUTES ➔

80 g de vermicelles de riz séchés
8 galettes de riz de 22 cm de diamètre
1 petit cœur de laitue (20 g) ciselé

16 feuilles de menthe fraîche
16 crevettes roses décortiquées

SAUCE
2 cuillerées à soupe de sauce de poisson
1 cuillerée à soupe de jus de citron vert
2 cuillerées à soupe de sauce au piment douce

1	Couvrir les vermicelles d'eau bouillante et laisser reposer 5 minutes.	2	Les rincer et les égoutter soigneusement.	3	Faire ramollir une galette de riz dans un peu d'eau chaude.
4	L'étaler sur une serviette et la garnir au centre avec des vermicelles, de la laitue et de la menthe.	5	Poser tout à côté deux crevettes décortiquées. Commencer à rouler la pâte.	6	Rabattre la pâte en haut et en bas pour enfermer la garniture. ➤

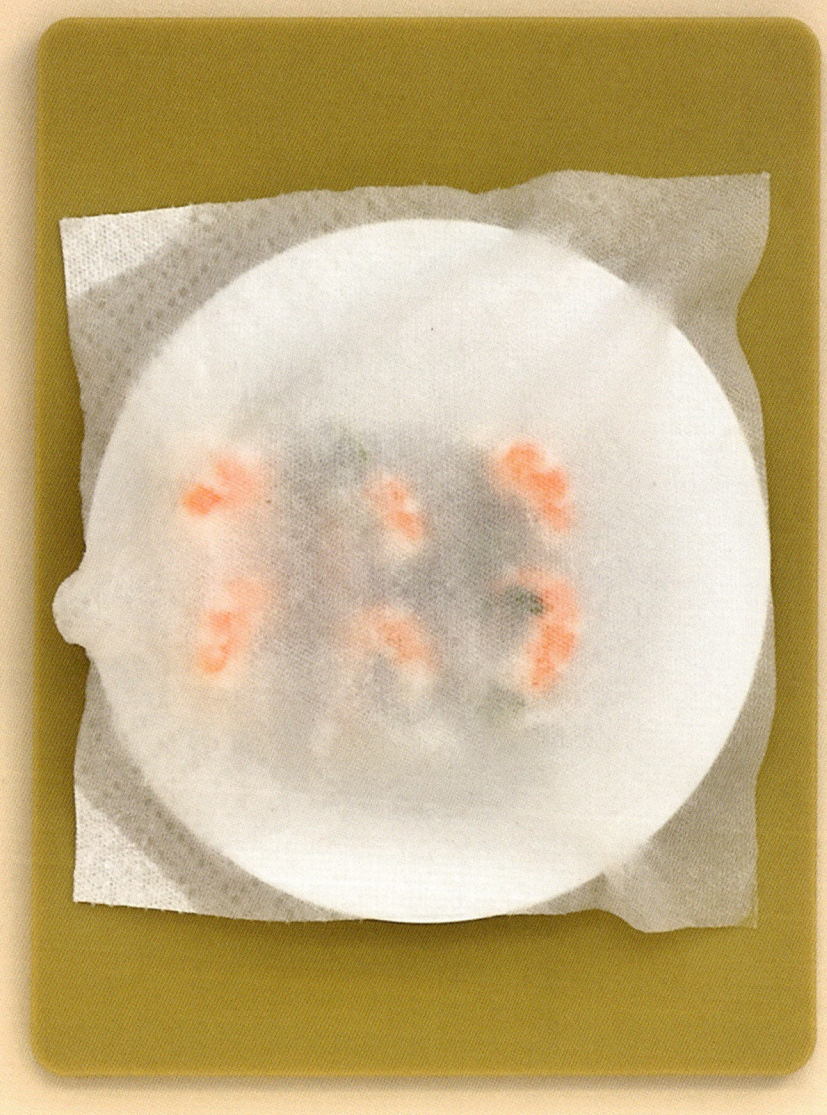

7 Poser le rouleau terminé sur une assiette et le couvrir de papier absorbant humide. Préparer les autres rouleaux.

VARIANTE

Pour des rouleaux de printemps végétariens, remplacer les crevettes par des dés de tofu ferme.

		SUGGESTION D'ACCOMPAGNEMENT
8	Pour la sauce, mélanger tous les ingrédients dans un bol. Servir dans des coupelles, avec les rouleaux.	Ces rouleaux sont aussi très bons avec une sauce hoisin garnie de cacahuètes nature broyées.

10

NEMS

POUR 8 NEMS • PRÉPARATION : 30 MINUTES • CUISSON : 20 MINUTES

80 g de vermicelles de soja séchés
6 champignons shiitake séchés
1 carotte râpée
150 g de viande de porc hachée
1 cuillerée à soupe de coriandre fraîche
8 galettes de riz de 22 cm de diamètre
de l'huile d'arachide pour la cuisson
du chou chinois pour servir (facultatif)

SAUCE

1 cuillerée à soupe de sauce de poisson
3 cuillerées à soupe de jus de citron vert
1 gousse d'ail hachée très fin
1 petit piment rouge épépiné et haché
1 cuillerée à café de sucre en poudre

1	Faire tremper les vermicelles 5 minutes dans de l'eau chaude. Les rincer et bien les égoutter. Les couper en petits morceaux avec des ciseaux.	2	Faire ramollir les champignons 10 minutes dans de l'eau bouillante. Bien les égoutter. Jeter le bout des tiges et émincer les chapeaux.
3	Mélanger dans un saladier les vermicelles, les champignons, la carotte râpée, la viande hachée et la coriandre.	4	Faire ramollir une galette de riz dans un peu d'eau chaude. ➤

5	L'étaler sur une serviette propre. Déposer sur un des côtés un peu de mélange à la viande.	6	Rabattre la pâte sur la garniture et former un rouleau. Procéder de la même manière pour faire les autres nems.
7	Faire frire les nems dans de l'huile très chaude ; ils doivent être dorés et croustillants. Les égoutter sur du papier absorbant.	8	Pour la sauce, mélanger tous les ingrédients dans un bol. Répartir dans des coupelles pour servir.

9	Disposer les rouleaux sur les assiettes, avec un peu de chou chinois en garniture (facultatif). Servir avec la sauce.

VARIANTE

Remplacer la viande de porc par du blanc de poulet haché.

SUGGESTION POUR SERVIR

Les nems peuvent être coupés en trois et servis avec des nouilles. C'est la recette du bo bun (recette 28), dans laquelle on remplace le bœuf par des nems.

DIM SUM

❖ POUR 14 DIM SUM • PRÉPARATION : 40 MINUTES • CUISSON : 15 MINUTES ❖

250 g de viande de porc hachée
50 g de châtaignes d'eau hachées
1 cuillerée à soupe de sauce de soja claire

1 cuillerée à soupe de vin de riz de Shaoxing
½ cuillerée à café d'huile de sésame
1 oignon vert en fines rondelles

1 cuillerée à soupe de gingembre frais râpé
14 carrés de pâte à wontons
de la sauce de soja pour servir

1	Bien mélanger dans un saladier la viande de porc, les châtaignes d'eau, la sauce de soja, le vin de riz, l'huile de sésame, l'oignon vert et le gingembre.	2	Mettre une cuillerée de cette farce au milieu d'un carré de pâte. Rabattre la pâte sur la farce en formant des plis et sans fermer le dessus. Préparer les autres dim sum.
3	Mettre les dim sum dans un panier en bambou, couvrir et faire cuire 15 minutes à la vapeur.	4	Servir aussitôt avec de la sauce de soja (ou une autre sauce de son choix).

EDAMAME (FÈVES DE SOJA)

⇾ POUR 4 PERSONNES • PRÉPARATION : 5 MINUTES • CUISSON : 10 MINUTES ⇽

500 g de fèves de soja surgelées
2 cuillerées à soupe de sauce de soja
2 cuillerées à soupe de vinaigre de riz
1 cuillerée à café de gingembre frais râpé

12

1	Faire cuire les fèves de soja 5 minutes dans un grand volume d'eau bouillante.	2	Quand elles sont tendres, les rincer à l'eau froide et bien les égoutter.
3	Pour l'accompagnement, fouetter dans un bol la sauce de soja, le vinaigre de riz et le gingembre.	4	Servir les fèves de soja dans leur gousse, avec la sauce pour accompagner.

GYOSA

POUR 30 GYOSA • PRÉPARATION : 30 MINUTES • CUISSON : 15 MINUTES

350 g de viande de porc hachée
90 g de chou chinois ciselé
2 oignons verts émincés
2 cuillerées à café de gingembre frais râpé
1 œuf légèrement battu

1 cuillerée à soupe de sauce de soja
2 cuillerées à café de mirin
2 cuillerées à café de saké
30 feuilles de pâte à gyosa
2 cuillerées à café d'huile végétale

SAUCE

2 cuillerées à soupe de sauce de soja
2 cuillerées à soupe de vinaigre de riz

1	Mélanger la viande, le chou, l'oignon vert, le gingembre, l'œuf, la sauce de soja, le mirin et le saké.	2	Étaler les disques de pâte sur une planche et déposer 2 cuillerées à café de farce au centre.	3	Au pinceau de cuisine, badigeonner les bords avec un peu d'eau.
4	Fermer les gyosa en pinçant bien les bords et en formant des plis.	5	Les faire dorer dans l'huile chaude. Attention, ils ne doivent pas se toucher.	6	Verser 125 ml d'eau, couvrir et faire cuire encore 5 minutes. ➤

13

7	Pour la sauce, mélanger dans un bol la sauce de soja et le vinaigre de riz.	**VARIANTE**
		On peut aussi faire cuire les gyosa à la vapeur ou les plonger dans une grande friture.

LE TRUC

Les gyosa peuvent être préparés en grande quantité et congelés (sans les faire cuire) dans un récipient fermé.

8	Servir les gyosa très chauds, avec la sauce.	**VARIANTE**
	SUGGESTION POUR SERVIR	On peut ajouter à la farce des légumes hachés très fin : champignons shiitake, carotte, radis blanc (daïkon) ou pousses d'épinards ciselées.
	Ces raviolis sont très bons dans une soupe. Les faire cuire comme indiqué dans la recette et les ajouter dans une soupe aux nouilles udon.	

MAKI SUSHI

POUR 4 PERSONNES • PRÉPARATION : 20 MINUTES • CUISSON : 20 MINUTES

4 à 6 feuilles de nori
550 g de riz pour sushi (recette 03)
2 cuillerées à soupe de mayonnaise japonaise

8 bâtonnets de surimi
1 avocat coupé en fines tranches

POUR SERVIR
de la sauce de soja
du wasabi

1 2
3 4

1	Poser une feuille de nori bien à plat sur une natte en bambou.	2	La couvrir d'une couche de riz uniforme jusqu'aux deux tiers de sa longueur.
3	Faire une ligne de mayonnaise au milieu du riz.	4	Ajouter du surimi et de l'avocat.

5 Enrouler la feuille de nori dans la natte en partant du côté garni de riz. Faire un rouleau bien serré.

LE TRUC

Les rouleaux pourront être préparés quelques heures à l'avance mais on attendra le moment de servir pour les recouper en petits tronçons.

VARIANTE

On peut remplacer le surimi par des morceaux de thon ou de saumon.

| 6 | Avec un couteau tranchant, couper le rouleau en deux et recouper chaque moitié en trois. Servir avec la sauce de soja et le wasabi. |

LE TRUC

Conserver les feuilles de nori qui ne sont pas utilisées dans un sac alimentaire fermé pour les garder fraîches.

VARIANTE

D'autres garnitures permettent de préparer différentes variantes : poulet teriyaki, légumes frits, algues en salade, radis blanc (daikon) au vinaigre et carotte râpée, concombre et tofu, etc.

GALETTES DE POISSON

❧ POUR 24 GALETTES • PRÉPARATION : 15 MINUTES • CUISSON : 20 MINUTES ❧

500 g de filets de poisson blanc en cubes
2 cuillerées à soupe de pâte de curry rouge
100 g de haricots serpents ou kilomètres
(ou des haricots verts) émincés

1 œuf
4 feuilles de combava
750 ml d'huile végétale

SAUCE
1 petit piment rouge haché
½ concombre en petits dés
1 cuillerée à soupe de coriandre fraîche
1 cuillerée à soupe de sucre en poudre
125 ml de vinaigre de riz blanc

1   2   3
4   5   6

1	Mixer ensemble le poisson, la pâte de curry et l'œuf. Le mélange doit être homogène.	2	Le mettre dans un bol et ajouter les haricots émincés et les feuilles de combava. Mélanger.	3	Façonner de pleines cuillerées de ce mélange en galettes aplaties.
4	Les faire dorer au wok dans l'huile très chaude. Bien les égoutter.	5	Pour la sauce, mettre les ingrédients dans un bol et fouetter vivement.	6	Servir les galettes de poisson très chaudes, avec la sauce pour tremper.

TOASTS AUX CREVETTES

⇾ POUR 18 TOASTS • PRÉPARATION : 15 MINUTES • CUISSON : 20 MINUTES ⇽

10 tranches de pain de mie
750 g de crevettes fraîches décortiquées
(c'est-à-dire 350 g sans les carapaces)
1 blanc d'œuf

2 cuillerées à café de gingembre frais râpé
2 cuillerées à café de vin de riz de Shaoxing
2 cuillerées à café de fécule de maïs
2 cuillerées à soupe de coriandre fraîche

1 oignon vert émincé
4 cuillerées à soupe de graines de sésame
de l'huile d'arachide pour la cuisson
de la sauce au piment douce pour servir

16

1 2 3
4 5 6

1	Enlever la croûte du pain ; couper les tranches en deux pour obtenir des rectangles.	2	Mettre dans le bol d'un robot les crevettes, le gingembre, l'œuf, le vin et la fécule.	3	Mixer jusqu'à ce que les ingrédients forment une pâte homogène.
4	Mettre cette pâte dans un saladier ; ajouter la coriandre et l'oignon vert.	5	Étaler la pâte de crevettes sur les toasts ; saupoudrer de graines de sésame.	6	Faire frire les toasts dans l'huile très chaude. Servir avec la sauce au piment.

SASHIMI

↠ POUR 4 PERSONNES • PRÉPARATION : 15 MINUTES • CUISSON : 5 MINUTES ↞

200 g de thon très frais
200 g de saumon très frais
200 g de noix de Saint-Jacques très fraîches

1 radis blanc (daïkon) bien nettoyé
1 carotte pelée
½ cuillerée à café de wasabi

SAUCE
3 cuillerées à soupe de mirin
80 ml de sauce de soja

1	Détailler le thon, le saumon et les noix de Saint-Jacques en tranches pas trop épaisses (environ 1 cm).	2	Pour la sauce, mélanger dans une casserole le mirin et la sauce de soja ; laisser bouillir pendant 5 minutes. Faire refroidir.
3	Avec une mandoline ou un couteau tranchant, détailler le radis et la carotte en très fines allumettes.	4	Les répartir sur des assiettes de présentation. Disposer à côté les lamelles de poisson et de Saint-Jacques. Servir avec la sauce.

POULET SATAY

⇾ POUR 4 PERSONNES • TREMPAGE : 15 MINUTES • PRÉPARATION : 20 MINUTES • CUISSON : 25 MINUTES ⇽

500 g de blancs de poulet
des piques à brochettes en bambou

SAUCE SATAY
40 g de cacahuètes nature
250 ml de lait de coco
2 cuillerées à soupe de pâte de curry rouge

1 à 2 cuillerées à soupe de sucre
de palme râpé
1 cuillerée à soupe de concentré de tamarin

18

1 2 3
4 5 6

1	Faire tremper les piques 15 minutes dans l'eau. Couper le poulet en cubes.	2	Piquer les morceaux de poulet sur les brochettes bien égouttées.	3	Pour la sauce, poêler à sec les cacahuètes avant de les broyer au mixeur.
4	Mélanger les ingrédients de la sauce et les faire cuire pendant 15 minutes.	5	Faire griller les brochettes en les retournant plusieurs fois durant la cuisson.	6	Servir les brochettes chaudes avec la sauce satay.

LES VIANDES

LES VIANDES SAUTÉES

Larb de porc 19
Sung choi bau 20
Bœuf aux haricots noirs 21
Yaki soba 22
Bœuf sauté 23

LES VIANDES GRILLÉES

Porc char sui 24
Salade de bœuf au sésame 25
Bun cha 26

LES CLASSIQUES

Porc à l'indonésienne 27
Bo bun 28
Porc tonkatsu 29

LES CURRYS

Curry de bœuf masaman 30
Curry de bœuf rendang 31
Curry de bœuf à la japonaise 32

LARB DE PORC

POUR 4 PERSONNES • PRÉPARATION : 10 MINUTES • CUISSON : 15 MINUTES

500 g de viande de porc hachée
¼ de cuillerée à café de piment moulu
1 grosse échalote hachée
2 blancs de citronnelle hachés très fin

3 cuillerées à soupe de sauce de poisson
3 cuillerées à soupe de jus de citron vert
2 cuillerées à soupe de menthe fraîche
2 cuillerées à soupe de coriandre fraîche

POUR SERVIR
1 petite laitue lavée et essorée
2 citrons verts coupés en quartiers

1 2
3 4

1	Mélanger, dans un saladier, la viande hachée, le piment, les échalotes et la citronnelle.	2	Dans un wok chauffé à feu vif, saisir la viande jusqu'à ce qu'elle soit cuite (sans trop brunir).
3	Retirer du feu pour ajouter la sauce de poisson et le jus de citron, puis les herbes ciselées.	4	Servez tiède avec des feuilles de laitue et des quartiers de citron vert.

SUNG CHOI BAU

◆ POUR 4 PERSONNES • PRÉPARATION : 20 MINUTES + 10 MINUTES DE REPOS • CUISSON : 20 MINUTES ◆

1 laitue iceberg
4 champignons shiitake séchés
1 cuillerée à soupe d'huile d'arachide
½ cuillerée à café d'huile de sésame

500 g de viande maigre de porc hachée
2 gousses d'ail hachées très fin
65 g de châtaignes d'eau rincées, égouttées et hachées très fin

4 cuillerées à soupe de sauce d'huître
2 cuillerées à soupe de vin de riz de Shaoxing
1 cuillerée à café de sucre en poudre
2 oignons verts émincés

20

1 2
3 4

1	Avec la pointe d'un couteau, retirer le cœur dur de la laitue (à la base).	2	Séparer délicatement les feuilles et les découper pour former des coupelles.	
3	Faire tremper les champignons 10 minutes dans de l'eau bouillante. Jeter le bout des tiges et émincer les chapeaux.	4	Faire chauffer les huiles dans le wok pour y laisser colorer la viande environ 3 minutes.	➢

5 Ajouter l'ail et les châtaignes d'eau. Mélanger 3 minutes sur le feu avant d'incorporer la sauce d'huître, le vin de riz, le sucre et les oignons. Porter à ébullition et laisser cuire 5 minutes à feu vif pour que la sauce réduise un peu.

VARIANTE

Cette recette se prépare également avec du bœuf ou du poulet.

LE TRUC

Garnir le sung choi bau de nouilles croustillantes aux œufs pour lui donner une autre consistance.

6 Servir dans des bols avec les feuilles de salade à part ou présenter le sung choi bau tiède dans les feuilles en coupelles.

SUGGESTION

Le sung choi boi peut se manger chaud ou froid. Pour un buffet, on le servira froid dans des feuilles de cœurs de laitue.

BŒUF AUX HARICOTS NOIRS

≫ POUR 4 PERSONNES • PRÉPARATION : 20 MINUTES • CUISSON : 10 MINUTES ≪

500 g de filet de bœuf en fines lamelles
1 cuillerée à soupe de sauce de soja claire
1 cuillerée à soupe de vin de riz de Shaoxing
2 cuillerées à soupe d'huile d'arachide
½ cuillerée à café d'huile de sésame

1 oignon émincé
2 gousses d'ail émincées
1 poivron rouge en lanières fines
1 poivron vert en lanières fines
1 cuillerée à café de sucre en poudre

4 cuillerées à soupe de haricots noirs en boîte rincés et égouttés
4 cuillerées à soupe de sauce d'huître
du riz cuit pour servir (recette 02)

1	Mélanger le bœuf avec la sauce de soja et le vin de riz (dans un saladier en verre).	2	Faire sauter l'oignon et l'ail 3 minutes au wok, dans l'huile chaude.	3	Ajouter le bœuf et le faire revenir 5 minutes ; la chair doit rester tendre.
4	Incorporer les lanières de poivrons et les laisser sauter à feu vif en remuant.	5	Terminer par les haricots noirs, le sucre et la sauce d'huître.	6	Laisser cuire à feu vif encore 2 minutes avant de servir le bœuf avec du riz.

YAKI SOBA

POUR 4 PERSONNES • PRÉPARATION : 15 MINUTES • CUISSON : 15 MINUTES

1 cuillerée à soupe d'huile végétale
300 g de filet de porc émincé
400 g de nouilles soba ou de nouilles hokkien fraîches

200 g de crevettes cuites décortiquées
200 g de chou chinois ciselé
3 oignons verts en fines rondelles
1 poivron rouge en bâtonnets

3 cuillerées à soupe de sauce de soja claire
1 cuillerée à soupe de sucre en poudre
1 œuf légèrement battu
du gingembre mariné pour servir

1   2   3
4   5   6

1	Faire chauffer la moitié de l'huile dans un wok pour y faire revenir le porc.	2	Faire cuire les nouilles 3 minutes à l'eau bouillante. Bien les égoutter.	3	Mélanger le porc et les nouilles avec les autres ingrédients.
4	Faire sauter ce mélange au wok, dans le reste d'huile à peine fumante.	5	Mélanger vivement sur le feu pour une cuisson uniforme des ingrédients.	6	Décorer de fines lanières de gingembre mariné et servir aussitôt.

BŒUF SAUTÉ

➤ POUR 4 PERSONNES • MARINADE : 30 MINUTES • PRÉPARATION : 15 MINUTES • CUISSON : 10 MINUTES ➤

5 échalotes d'Asie
4 cuillerées à soupe de vinaigre blanc
1 cuillerée à soupe de sucre en poudre

1 cuillerée à soupe de sauce de poisson
4 gousses d'ail hachées très fin
2 cuillerées à soupe d'huile végétale

500 g de rumsteck coupé en petits cubes
50 g de beurre
1 petite laitue lavée et essorée

1	Peler les échalotes, les émincer et les mettre dans le vinaigre avec 2 cuillerées à soupe d'eau. Laisser mariner 30 minutes.	2	Mélanger dans un saladier le sucre, la sauce de poisson, l'ail et 1 cuillerée à soupe d'huile. Ajouter le bœuf égoutté (garder la marinade).
3	Laisser fondre le beurre avec le reste d'huile dans un wok. Faire sauter les cubes de bœuf à feu vif : ils doivent être à peine cuits à cœur.	4	Égoutter les échalotes et les répartir dans les feuilles de laitue disposées sur un plat. Garnir de cubes de bœuf et servir aussitôt.

PORC CHAR SUI

POUR 4 À 6 PERSONNES • MARINADE : 2 À 8 HEURES • PRÉPARATION : 15 MINUTES • CUISSON : 30 MINUTES

2 gousses d'ail hachées très fin
1 cuillerée à soupe de gingembre frais râpé
1 cuillerée à soupe de vinaigre de malt
60 ml de vin de riz de Shaoxing
60 ml de sauce hoisin

60 ml de sauce char sui
1 cuillerée à soupe de sauce de soja claire
500 g d'épaule de porc désossée coupée en gros morceaux
1½ cuillerée à soupe de miel liquide

POUR ACCOMPAGNER
du riz et des légumes asiatiques à la vapeur (pak choi, choy sum…)

1	Mélanger dans un saladier en verre l'ail, le gingembre, le vinaigre, le vin de riz et les trois sauces. Ajouter la viande, remuer, couvrir et laisser mariner entre 2 et 8 heures.	2	Préchauffer le four à 240 °C (thermostat 8). Disposer les morceaux de viande sur une grille, au-dessus d'un plat de cuisson dans lequel on verse de l'eau jusqu'à mi-hauteur.
3	Faire rôtir 30 minutes environ. Humecter régulièrement la viande avec la marinade.	4	Verser le miel dans une petite casserole et porter à ébullition.

5	Étaler au pinceau le miel chaud sur les morceaux de porc dès leur sortie du four. Laisser refroidir.

LE TRUC
❊

Plus la viande reste longtemps dans la marinade, plus les saveurs sont intenses.

SUGGESTION
❊

Le porc char sui est délicieux avec des nouilles sautées aux légumes. On le découpera en tranches fines avant de l'ajouter dans le wok.

6	Servir le porc en tranches, avec les légumes vapeur et le riz.	**SUGGESTION**
		On peut garnir de porc char sui (en fines tranches) une soupe chinoise aux raviolis et aux nouilles.
LE TRUC		
Utiliser les restes de porc pour préparer des rouleaux de printemps ou des sushi.		

SALADE DE BŒUF AU SÉSAME

❖ **POUR 4 PERSONNES** • PRÉPARATION : 10 MINUTES + 10 MINUTES DE REPOS • CUISSON : 5 MINUTES ❖

500 g de rumsteck
1 cuillerée à soupe d'huile végétale
150 g de salade mizuna (ou de roquette)
3 oignons verts
2 cuillerées de graines de sésame poêlées

ASSAISONNEMENT
3 cuillerées à soupe de sauce de soja claire
3 cuillerées à soupe de jus de citron
1 cuillerée à café de sucre en poudre
1 gousse d'ail hachée très fin

½ cuillerée à café d'huile de sésame
1 cuillerée à café de gingembre frais râpé

1	Pour la sauce, mélanger tous les ingrédients dans un bol en verre.	2	Badigeonner la viande d'huile et la faire griller 3 minutes de chaque côté.	3	La couvrir d'une feuille d'aluminium et la laisser reposer 10 minutes.
4	Détailler la viande en fines lamelles.	5	Répartir la salade et les oignons sur des assiettes.	6	Ajouter la viande et le sésame. Napper de sauce.

BUN CHA

POUR 4 PERSONNES • MARINADE : 4 HEURES • PRÉPARATION : 20 MINUTES • CUISSON : 20 MINUTES

1 cuillerée à soupe de sucre de palme râpé
2 cuillerées à soupe de sauce de poisson
2 gousses d'ail hachées très fin
2 échalotes d'Asie émincées
500 g de viande de porc hachée

200 g de nouilles de riz sèches
100 g de germes de soja
de la coriandre et de la menthe fraîche
des feuilles de laitue

SAUCE POUR TREMPER
4 cuillerées à soupe de sauce de poisson
6 cuillerées à soupe de jus de citron vert
2 cuillerées à café de sucre en poudre
2 piments rouges épépinés et hachés

1	Faire dissoudre le sucre à feu doux dans la sauce de poisson en remuant sans cesse. Laisser refroidir.	2	Dans un saladier, mélanger cette sauce avec l'ail, les échalotes et la viande. Laisser mariner 4 heures.	3	Avec ce mélange, faire des boulettes ovales de la valeur de 2 cuillerées à soupe chacune.
4	Les faire cuire sur un gril en fonte jusqu'à ce qu'elles soient bien colorées.	5	Mélanger les ingrédients de la sauce. Faire cuire les nouilles et les égoutter.	6	Servir les boulettes avec les nouilles, le soja, la salade, les herbes et la sauce.

PORC À L'INDONÉSIENNE

POUR 4 PERSONNES • MARINADE : 30 MINUTES • PRÉPARATION : 10 MINUTES • CUISSON : 15 MINUTES

500 g de porc dans le filet
2 cuillerées à soupe de farine
1 cuillerée à soupe de sauce de soja
½ cuillerée à café de gingembre moulu

3 cuillerées à soupe d'huile végétale
1 oignon haché très fin
3 gousses d'ail hachées très fin
5 cm de gingembre frais râpé

125 ml de kecap manis
1 cuillerée à café de piment moulu
1 cuillerée à soupe de jus de citron
du riz cuit pour servir (recette 02)

1 2
3 4

1	Mélanger dans un saladier la farine, la sauce de soja et le gingembre moulu. Ajouter la viande coupée en cubes. Laisser mariner 30 minutes.	2	Faire chauffer l'huile dans un wok pour y faire dorer la viande à feu vif. Procéder en plusieurs fois.
3	Ajouter l'oignon, l'ail et le gingembre frais. Prolonger la cuisson jusqu'à ce que les oignons soient fondants.	4	Ajouter le kecap manis, 3 cuillerées à soupe d'eau et le piment. Faire épaissir 5 minutes. Verser enfin le jus de citron. Servir avec le riz.

BO BUN

❖ POUR 4 PERSONNES • MARINADE : 30 MINUTES • PRÉPARATION : 15 MINUTES • CUISSON : 10 MINUTES ❖

4 cuillerées à soupe de sauce de poisson
3 cuillerées à soupe de sucre de palme râpé
200 g de vermicelles séchés
2 cuillerées à soupe de sauce de soja
2 cuillerées à soupe de sauce d'huître
2 cuillerées à café de curry en poudre
1 gousse d'ail écrasée
2 blancs de citronnelle en fines lamelles
500 g de filet de bœuf émincé
2 cuillerées à soupe d'huile végétale
1 carotte en julienne
½ concombre en julienne
100 g de germes de soja
10 g de menthe fraîche
15 g de coriandre fraîche
100 g de cacahuètes nature grillées et hachées grossièrement

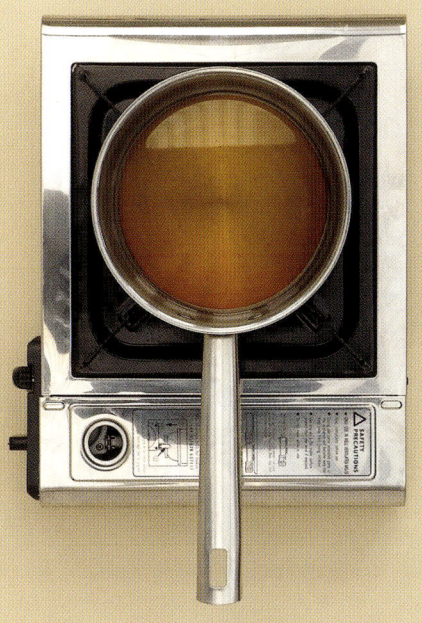

1	Dans une petite casserole, faire chauffer la sauce de poisson avec 2 cuillerées à soupe d'eau et le sucre. Remuer pour dissoudre le sucre. Laisser refroidir.	2	Faire cuire les nouilles 3 à 5 minutes dans de l'eau bouillante. Bien les égoutter puis les laisser reposer dans de l'eau froide.
3	Mélanger la sauce de soja, la sauce d'huître, le curry, l'ail et la citronnelle. Ajouter la viande et remuer. Faire mariner 30 minutes à couvert.	4	Faire chauffer l'huile dans un wok à feu vif. Saisir la viande en plusieurs fois pour la faire colorer de tous les côtés. ➤

| 5 | Bien égoutter les nouilles et les répartir sur 4 assiettes. Garnir avec la julienne de carotte et de concombre, le soja, la menthe et la coriandre. |

VARIANTE

Si c'est possible, on fera cuire la viande au barbecue ou sur un gril en fonte pour lui donner plus de goût.

LE TRUC

La viande sera encore plus parfumée si elle marine toute une nuit dans la sauce, au réfrigérateur.

 Répartir la viande dans les assiettes et la garnir de cacahuètes hachées. Napper de la sauce préparée avec le sucre et la sauce de poisson.

LE TRUC
❈

Cette salade peut se déguster aussi bien tiède que froide.

VARIANTE
❈

On peut remplacer le bœuf par de l'agneau ou par des nems coupés en petits tronçons (recette 10).

PORC TONKATSU

❧ POUR 4 PERSONNES • PRÉPARATION : 20 MINUTES • CUISSON : 10 MINUTES ❧

4 escalopes de porc
125 g de farine
2 œufs légèrement battus
60 g de chapelure japonaise
(sinon, de la chapelure classique)

de l'huile d'arachide pour la cuisson
150 g de chou émincé
1 citron coupé en quartiers

SAUCE TONKATSU
40 ml de ketchup
60 ml de sauce Worcestershire

1	Prendre une escalope et la glisser entre deux feuilles de film alimentaire.	2	L'aplatir au maillet à viande. Faire de même avec les autres escalopes.	3	Fariner les deux côtés de chaque escalope. Secouer pour enlever l'excédent.
4	Plonger les escalopes dans l'œuf battu avant de les retourner dans la chapelure.	5	Les poêler à feu vif dans l'huile chaude (3 minutes de chaque côté). Égoutter sur du papier absorbant.	6	Mélanger le ketchup et la sauce Worcestershire. Servir les escalopes panées avec le chou, le citron et la sauce.

CURRY DE BŒUF MASAMAN

❖ POUR 4 PERSONNES • PRÉPARATION : 20 MINUTES • CUISSON : 25 MINUTES ❖

2 pommes de terre
1 cuillerée à soupe d'huile végétale
3 cuillerées à soupe de curry masaman
500 g de rumsteck en cubes

1 oignon haché
500 ml de lait de coco
2 cuillerées à soupe de sucre de palme râpé
2 cuillerées à soupe de sauce de poisson

3 cuillerées à soupe de purée de tamarin
3 cuillerées à soupe de cacahuètes nature grillées et grossièrement hachées
du riz jasmin vapeur pour servir (recette 02)

1	Peler les pommes de terre, les couper en cubes et les faire cuire à l'eau ou à la vapeur.	2	Verser l'huile dans un wok pour y réchauffer la pâte de curry 3 minutes à feu doux.	3	Passer sur feu moyen pour faire colorer la viande avec les pommes de terre et l'oignon.
4	Verser le lait de coco, le sucre et la sauce de poisson. Porter à ébullition.	5	Laisser frémir 10 minutes puis ajouter le tamarin. Faire cuire encore 5 minutes.	6	Garnir de cacahuètes hachées et servir très chaud, avec le riz jasmin.

CURRY DE BŒUF RENDANG

POUR 6 PERSONNES • MARINADE : 30 MINUTES • PRÉPARATION : 35 MINUTES • CUISSON : 1 H 30

60 g de gros piments rouges séchés
1 cuillerée à café de graines de coriandre
1 cuillerée à soupe de gingembre haché
2 cuillerées à café de cumin moulu
½ cuillerée à café de clous de girofle moulus

¼ de cuillerée à café de curcuma
3 gousses d'ail pelées
10 échalotes d'Asie émincées
1 kg de gîte de bœuf
30 g de noix de coco séchée

500 ml de lait de coco
2 blancs de citronnelle
1 cuillerée à soupe de galanga haché
2 cuillerées à café de sucre de palme râpé
du riz cuit pour servir (recette 02)

1 2 3
4 5 6

1	Faire dégorger les piments 15 minutes dans de l'eau bouillante. Les égoutter et les hacher grossièrement.	2	Les mixer avec le gingembre, la coriandre, le cumin, le clou de girofle, le curcuma, l'ail et les échalotes.	3	Pour obtenir une pâte homogène, ajouter un peu d'eau tout en continuant de mixer.
4	Assaisonner la viande avec cette pâte et laisser mariner 30 minutes.	5	Mettre la viande dans un wok et ajouter les autres ingrédients (sauf le riz).	6	Après l'ébullition, baisser le feu et laisser frémir 1 h 30.

7 Si le curry est trop liquide, prolonger la cuisson de quelques minutes. Remuer souvent pour éviter qu'il n'attache.

LE TRUC

Les arômes seront plus développés si l'on prépare ce curry la veille.

VARIANTE

Cette recette peut très bien se préparer dans un autocuiseur. Compter alors 20 minutes de cuisson.

8	Servir le curry aussitôt, avec du riz blanc.	**VARIANTE**
		Pour donner plus de feu à ce curry, moyennement épicé, on peut rajouter quelques piments.
	LE TRUC	**SUGGESTION**
	Ce curry est plutôt sec. Le laisser cuire jusqu'à ce que le liquide soit presque totalement évaporé.	Le curry de bœuf rendang est une garniture idéale pour des tartelettes lors d'un buffet.

CURRY DE BŒUF À LA JAPONAISE

> POUR 4 PERSONNES • PRÉPARATION : 15 MINUTES • CUISSON : 20 MINUTES

1 cuillerée à soupe d'huile végétale
500 g de rumsteck en cubes
1 oignon haché
2 pommes de terre en petits cubes

1 carotte coupée en deux dans la longueur,
puis en tranches moyennes
1 paquet de curry japonais

1 2
3 4

1	Faire colorer la viande dans l'huile chaude, dans une grande poêle. Ajouter l'oignon et le faire dorer 5 minutes à feu moyen.	2	Ajouter les pommes de terre et la carotte, verser 500 ml d'eau, couvrir et laisser frémir 10 minutes pour que les légumes soient tendres.
3	Ajouter le curry sur les légumes et faire cuire encore 5 minutes, en remuant souvent.	4	Le curry est prêt quand la sauce a épaissi. Le servir sans attendre.

LES VOLAILLES

LE POULET AUX NOUILLES

Poulet sauté aux épices 33
Poulet aux nouilles ramen 34
Pad thaï 35

LES CURRYS

Curry de canard à l'ananas 36
Pâte de curry verte 37
Curry vert de poulet 38
Curry de poulet vietnamien 39

LES SAUTÉS

Poulet sauté au basilic 40
Poulet à la citronnelle 41
Poulet aux noix de cajou 42

LES CLASSIQUES

Poulet teriyaki 43
Salade vietnamienne 44
Poulet yakitori 45
Canard à la pékinoise 46
Ailes de poulet marinées 47
Canard en croûte d'épices 48
Nasi goreng 49

POULET SAUTÉ AUX ÉPICES
POUR 4 PERSONNES • PRÉPARATION : 15 MINUTES • CUISSON : 15 MINUTES

600 g de nouilles udon précuites
1 cuillerée à soupe d'huile végétale
300 g de poulet émincé
3 oignons verts émincés
1 poivron rouge en fines lanières

200 g de champignons shiitake émincés
2 bok choy émincés
100 g de germes de soja
2 cuillerées à soupe de saké
3 cuillerées à soupe de sauce de soja claire

3 cuillerées à soupe de sauce au piment douce
½ cuillerée à café de piments séchés en flocons

1	Séparer délicatement les nouilles.	2	Faire dorer le poulet au wok, dans l'huile chaude.	3	Laisser cuire 3 minutes les oignons, le poivron et les champignons.
4	Ajouter les nouilles, le bok choy et le soja. Les réchauffer en remuant.	5	Mélanger le saké, les sauces et le piment. Verser ce mélange dans le wok.	6	Réchauffer rapidement et servir aussitôt.

POULET AUX NOUILLES RAMEN

❖ POUR 4 PERSONNES • PRÉPARATION : 5 MINUTES • CUISSON : 10 MINUTES ❖

2 blancs de poulet
1 cuillerée à café d'huile végétale
1 cuillerée à soupe de sauce au piment

200 g de nouilles ramen
ou de nouilles instantanées
1 bok choy émincé

1 litre de bouillon de volaille chaud
3 oignons verts émincés

1	Huiler les blancs de poulet avant de les faire cuire sur un gril en fonte.	2	Les enlever du gril et les laisser reposer 5 minutes. Les couper en tranches.	3	Faire cuire les nouilles 2 à 3 minutes dans de l'eau bouillante.
4	Les égoutter et les répartir aussitôt dans des bols.	5	Ajouter le bok choy avant de verser un peu de bouillon chaud.	6	Disposer le poulet et les oignons verts sur les nouilles. Servir aussitôt.

PAD THAÏ

⇢ POUR 4 PERSONNES • PRÉPARATION : 30 MINUTES + 15 MINUTES DE REPOS • CUISSON : 15 MINUTES ⇠

300 g de nouilles de riz séchées
2 cuillerées à soupe d'huile végétale
300 g de blancs de poulet émincés
100 g de tofu ferme en fines lamelles
3 gousses d'ail hachées fin

2 cuillerées à soupe de crevettes séchées
125 ml de sauce de poisson
2 cuillerées à soupe de sucre en poudre
80 ml de concentré de tamarin
3 œufs légèrement battus

3 cuillerées à soupe de cacahuètes hachées
2 tiges d'ail vert en petits tronçons
100 g de germes de soja
1 citron vert coupé en quartiers

1	Mettre les nouilles dans un bol et couvrir d'eau froide. Les laisser reposer 15 minutes pour qu'elles s'assouplissent. Bien égoutter.	2	Verser l'huile dans un wok chaud et faire revenir à feu vif le poulet et le tofu pendant 5 minutes.
3	Incorporer l'ail et les crevettes séchées. Prolonger la cuisson de 2 minutes. Ajouter enfin les nouilles.	4	Mélanger dans un bol la sauce de poisson, le sucre, le tamarin et 125 ml d'eau. Verser dans le wok.

5 Laisser cuire encore 5 minutes à feu vif. Ensuite, pousser le mélange sur un des côtés du wok pour faire cuire les œufs dans la partie laissée libre. Ajouter les cacahuètes et les pousses d'ail, puis mélanger les œufs avec les nouilles.

LE TRUC

Ne pas faire tremper les nouilles dans de l'eau chaude, car elles deviennent trop souples et presque collantes.

POUR LES VÉGÉTARIENS

Préparer ce pad thaï en doublant la quantité de tofu et en supprimant le poulet et les crevettes. Remplacer aussi la sauce de poisson par de la sauce de soja.

6	Laisser cuire encore 2 minutes avant d'ajouter les germes de soja. Bien mélanger et servir aussitôt.	**SUGGESTION** ❋ Pour un repas plus sophistiqué, ajouter 250 g de crevettes fraîches décortiquées.
LE TRUC ❋		**LE TRUC** ❋
Pour réchauffer un reste de pad thaï, verser un peu d'eau dans le wok pour empêcher que les nouilles n'attachent.		À l'étape 5, laisser cuire les nouilles assez longtemps pour qu'elles soient souples et bien chaudes.

CURRY DE CANARD À L'ANANAS

POUR 4 PERSONNES • PRÉPARATION : 15 MINUTES • CUISSON : 20 MINUTES

200 ml de lait de coco + la crème épaisse en surface (ne pas secouer la boîte)
2 à 3 cuillerées de pâte de curry rouge

1 canard laqué en morceaux
250 g d'ananas en petits cubes
1 poivron rouge en morceaux

1 cuillerée à soupe de sauce de poisson
1 cuillerée à soupe de sucre de palme râpé
2 cuillerées à soupe de basilic thaï frais

1	Récupérer la crème du lait de coco et la faire chauffer dans un wok sans remuer pour que la crème se dissocie.	2	Ajouter la pâte de curry et la faire chauffer 5 minutes pour que les arômes se dégagent.
3	Verser le lait de coco et incorporer les morceaux de canard, l'ananas, le poivron, la sauce de poisson et le sucre. Laisser cuire 15 minutes.	4	Répartir dans des bols et décorer de feuilles de basilic pour servir.

PÂTE DE CURRY VERTE

⇾ POUR 100 G • PRÉPARATION : 5 MINUTES • CUISSON : 3 MINUTES ⇽

½ cuillerée à café de graines de cumin
½ cuillerée à café de graines de coriandre
1 étoile d'anis
½ cuillerée à café de poivre blanc en grains
1 cuillerée à café de sel fin

3 petites gousses d'ail
4 blancs de citronnelle
2 cuillerées à café de galanga haché
1 cuillerée à soupe de racine de coriandre fraîche hachée

8 échalotes d'Asie
1 petit piment vert
6 grands piments verts
15 g de feuilles de coriandre
un peu d'huile végétale

1 2
3 4

1	Poêler à sec (sans matière grasse) pendant 3 minutes les graines de cumin et de coriandre, l'étoile d'anis et le poivre.	2	Les mettre dans le bol du robot avec le sel et tous les autres ingrédients (sauf l'huile) hachés grossièrement.
3	Mixer ce mélange pour former une pâte homogène. Penser à racler plusieurs fois les côtés du bol avec une spatule souple.	4	Mettre la pâte dans un bol, verser dessus une fine couche d'huile pour la conserver et couvrir de film alimentaire. Garder au frais.

CURRY VERT DE POULET
POUR 4 PERSONNES • PRÉPARATION : 15 MINUTES • CUISSON : 20 MINUTES

4 feuilles de combava
1 cuillerée à soupe de sucre de palme
1 cuillerée à soupe d'huile végétale
2 à 3 cuillerées à soupe de pâte de curry verte

500 ml de lait de coco
500 g de blancs de poulet en morceaux
6 petites aubergines thaïes (rondes) coupées en deux ou en quatre

1 cuillerée à soupe de sauce de poisson
1 petit bouquet de basilic thaï
du riz cuit pour servir (recette 02)

1 2
3 4

1	Ciseler très finement les feuilles de combava. Râper le sucre de palme (il est facultatif).	2	Faire chauffer l'huile dans un wok. Ajouter la pâte de curry et remuer quelques minutes pour que les arômes se développent.
3	Verser le lait de coco et laisser chauffer encore 5 minutes en remuant.	4	Ajouter le poulet, les aubergines et les feuilles de combava. Laisser frémir 5 minutes pour bien cuire la viande. ➤

5 Assaisonner avec la sauce de poisson. Ajouter éventuellement le sucre de palme et remuer pour l'incorporer.	**LE TRUC** ❋ Le curry se garde très bien au congélateur, dans une boîte hermétique. Noter la date sur une étiquette et consommer dans les 6 semaines.
VARIANTE ❋ D'autres légumes frais pourront être utilisés pour ce curry : haricots verts, petits épis de maïs, chou-fleur, brocoli…	

6 Décorer le curry de feuilles de basilic entières et le servir avec du riz.

LE TRUC
✽

Les arômes de ce curry seront plus développés si on le prépare la veille ou le matin pour le soir. Le réchauffer à feu doux avant de servir.

LE TRUC
✽

La pâte de curry verte est plus forte que celle de curry rouge et certaines préparations du commerce peuvent aussi être très relevées. Il est recommandé de les goûter pour ajuster la quantité. On peut d'ailleurs ajouter un peu de pâte de curry en fin de cuisson si la recette n'est pas assez épicée.

CURRY DE POULET VIETNAMIEN

⇾ POUR 4 PERSONNES • MARINADE : 3 HEURES • PRÉPARATION : 15 MINUTES • CUISSON : 50 MINUTES ⇽

1 petit morceau de galanga
3 blancs de citronnelle
3 gousses d'ail
1 oignon

2 cuillerées à soupe de curry en poudre
1,5 kg de morceaux de poulet
2 cuillerées à soupe d'huile végétale
500 ml de lait de coco

1 cuillerée à soupe de sucre en poudre
500 g de pommes de terre en cubes
du riz cuit pour servir (recette 02)

 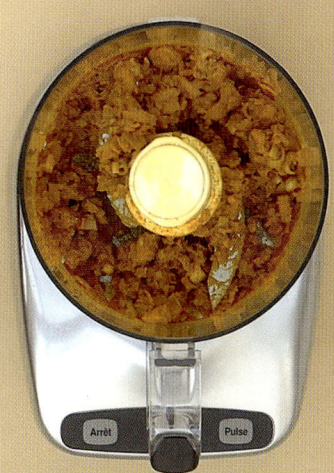

1	Hacher en morceaux pas trop gros le galanga, la citronnelle, l'ail et l'oignon.	2	Les mettre avec la pâte de curry dans le bol d'un robot et mixer pour obtenir une pâte homogène.
3	Enrober les morceaux de poulet de cette pâte, couvrir et laisser mariner 3 heures au réfrigérateur.	4	Faire chauffer l'huile dans une grande poêle pour y faire colorer les morceaux de poulet.

5 Ajouter le lait de coco, le sucre, 250 ml d'eau et les pommes de terre. Couvrir et laisser frémir 40 minutes environ.

LE TRUC
❋

Pour cette recette, on peut acheter des cuisses de poulet coupées en deux ou seulement des pilons.

SUGGESTION
❋

On peut préparer ce curry à l'avance (la veille ou le matin pour le soir). Dans ce cas, ne pas ajouter les pommes de terre à l'étape 5. Les faire juste précuire avant de réchauffer le curry et les rajouter 15 minutes avant de servir pour qu'elles finissent de cuire dans la sauce.

6. Le curry est prêt quand la viande est bien tendre. Servir sans attendre, avec du riz.

SUGGESTION
❋

On peut faire soi-même la poudre de curry avec des épices entières (coriandre, cumin, cardamome, cannelle, muscade et girofle) grillées puis écrasées.

LE TRUC
❋

La recette peut aussi se préparer avec un poulet entier de 1,5 kg coupé d'abord en six morceaux (deux cuisses, deux ailes et deux blancs). On recoupera ensuite les blancs et les cuisses en deux. Pour gagner du temps, faire détailler la viande par son volailler.

POULET SAUTÉ AU BASILIC

POUR 4 PERSONNES • PRÉPARATION : 15 MINUTES • CUISSON : 10 MINUTES

1 cuillerée à soupe d'huile végétale
500 g de blancs de poulet émincés
2 gousses d'ail hachées fin
1 gros piment rouge épépiné et haché

1 poivron rouge en fines lanières
3 oignons verts émincés
2 cuillerées à soupe de confiture de piment
1 cuillerée à soupe de sauce de poisson

1 petite poignée de basilic thaï frais
du riz cuit pour servir (recette 02)

1	Faire sauter le poulet au wok dans l'huile chaude, jusqu'à ce qu'il colore.	2	Ajouter l'ail, le piment et le poivron. Cuire à feu vif jusqu'à ce que le poivron soit tendre.
3	Incorporer les oignons verts, la confiture de piment et la sauce de poisson. Faire épaissir la sauce en remuant souvent.	4	Retirer le wok du feu pour ajouter le basilic. Servir aussitôt avec du riz.

POULET À LA CITRONNELLE

❖ POUR 4 PERSONNES • PRÉPARATION : 15 MINUTES • CUISSON : 25 MINUTES ❖

5 blancs de citronnelle hachés
2 grands piments rouges épépinés et hachés
2 cuillerées à soupe d'huile végétale
750 g de blancs de poulet coupés en cubes

1 cuillerée à soupe de sucre de palme râpé
3 cuillerées à soupe de sauce de poisson
du riz cuit pour servir (recette 02)

1	Écraser la citronnelle et les piments dans un mortier. On peut aussi les mixer en pâte homogène.	2	Faire revenir ce mélange 3 minutes au wok, dans l'huile chaude, pour que les arômes se développent.
3	Ajouter les morceaux de poulet et les faire revenir 5 minutes. Incorporer le sucre et la sauce de poisson.	4	Laisser cuire encore quelques minutes pour que la sauce caramélise légèrement. Servir aussitôt avec du riz.

POULET AUX NOIX DE CAJOU

❖ POUR 4 PERSONNES • MARINADE : 30 MINUTES • PRÉPARATION : 15 MINUTES • CUISSON : 15 MINUTES ❖

2 cuillerées à soupe de fécule de maïs
500 g de blancs de poulet émincés
2 cuillerées à soupe de vin de riz de Shaoxing
2 cuillerées à soupe de sauce d'huître

1 cuillerée à soupe d'huile végétale
1 oignon coupé en quartiers fins
2 gousses d'ail hachées fin
1 carotte en tranches fines

200 g de pois gourmands
200 g de noix de cajou grillées
du riz cuit pour servir (recette 02)

1	Mélanger la fécule de maïs, le poulet, le vin de riz et la sauce d'huître.	2	Bien remuer pour couvrir le poulet de sauce et faire mariner 30 minutes.	3	Égoutter le poulet et le faire dorer dans un wok. Le garder au chaud.
4	Dans le même wok, faire revenir l'oignon et l'ail 3 minutes, puis ajouter les légumes pour les saisir.	5	Remettre le poulet dans le wok avec 125 ml d'eau. Faire épaissir la sauce à feu vif en remuant souvent.	6	Incorporer enfin les noix de cajou, mélanger et servir aussitôt avec le riz.

POULET TERIYAKI

❊ POUR 4 PERSONNES • PRÉPARATION : 5 MINUTES • CUISSON : 25 MINUTES ❊

8 pilons de poulet
2 cuillerées à soupe d'huile végétale
100 ml de saké
100 ml de mirin

100 ml de sauce de soja foncée
2 cuillerées à café de sucre en poudre
du riz (recette 02) et des légumes vapeur pour servir

1	Faire des entailles sur les pilons pour qu'ils cuisent bien à l'intérieur.	2	Faire colorer les pilons 10 minutes à la poêle, dans l'huile chaude.	3	Couvrir et laisser cuire encore 10 minutes. Sortir les pilons de la poêle.
4	Y verser le saké, le mirin, la sauce de soja et le sucre. Faire épaissir cette sauce à petits bouillons.	5	Remettre le poulet dans la poêle et le faire caraméliser dans la sauce.	6	Servir le poulet avec les légumes et le riz. Proposer la sauce à part.

SALADE VIETNAMIENNE

✤ POUR 4 PERSONNES • MARINADE : 30 MINUTES • PRÉPARATION : 15 MINUTES • CUISSON : 20 MINUTES ✤

125 ml de vinaigre de riz
2 cuillerées à soupe de sucre en poudre
1 oignon rouge émincé
2 blancs de poulet

250 g de chou chinois émincé
1 carotte en julienne
20 g de menthe vietnamienne fraîche
50 g d'échalotes frites

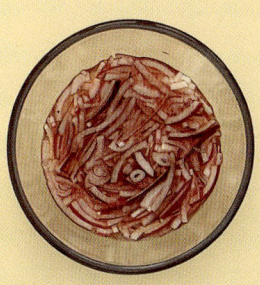

1 2 3
4 5 6

1	Dissoudre le sucre dans le vinaigre, ajouter l'oignon, saler et poivrer. Laisser reposer 30 minutes.	2	Mettre les blancs de poulet dans une casserole, les couvrir d'eau et les pocher 20 minutes à feu doux.
3	Les sortir de l'eau, les laisser refroidir et les défaire en fines lanières avec deux fourchettes.		
4	Mélanger le poulet avec le chou, la carotte et la menthe.	5	Assaisonner avec la sauce à l'oignon et remuer délicatement.
6	Garnir d'échalotes frites et servir aussitôt.		

POULET YAKITORI

POUR 4 PERSONNES • TREMPAGE : 15 MINUTES • PRÉPARATION : 20 MINUTES • CUISSON : 20 MINUTES

1 kg de filets de poulet dans la cuisse
8 oignons verts
des piques à brochettes en bambou

SAUCE
100 ml de saké
125 ml de sauce de soja claire
3 cuillerées à soupe de mirin
2 cuillerées à soupe de sucre en poudre

1 2 3
4 5 6

1	Laisser tremper 15 minutes dans l'eau froide les piques à brochettes.	2	Porter à ébullition les ingrédients de la sauce et laisser frémir 5 minutes.	3	Couper le poulet en cubes et les oignons en tronçons de 5 cm.
4	Enfiler les morceaux de poulet et d'oignon vert sur les brochettes.	5	Faire cuire les brochettes sur un gril en les trempant plusieurs fois dans la sauce pendant la cuisson.	6	Servir les brochettes avec le reste de sauce.

CANARD À LA PÉKINOISE
POUR 4 À 6 PERSONNES • PRÉPARATION : 15 MINUTES • CUISSON : 5 MINUTES

6 oignons verts
1 canard laqué
12 crêpes chinoises
(aux oignons verts si possible)

125 ml de sauce hoisin
½ concombre en bâtonnets

1 2
3 4

1	Couper le haut des tiges des oignons en fines languettes sans descendre jusqu'à la base. Laisser tremper dans de l'eau avec des glaçons.	2	Avec un couteau tranchant, prélever la peau du canard. On peut aussi détailler la chair en fines lamelles.
3	Mettre les crêpes dans un panier en bambou et les réchauffer à la vapeur sur une casserole d'eau frémissante.	4	Présenter les crêpes sur un plat pour que chaque convive se serve. On met d'abord un peu de sauce hoisin au milieu.

5	On garnit ensuite la crêpe de peau croustillante ou de viande, avant d'ajouter concombre et oignon vert.	**LE TRUC** ❋ Pour servir le canard croustillant, le réchauffer au four à 220 °C (thermostat 7-8) pendant 20 minutes.
	LE TRUC ❋ On trouve facilement des canards laqués entiers dans les épiceries asiatiques. On peut aussi les commander à emporter dans les restaurants chinois.	**SUGGESTION** ❋ Traditionnellement, pour cette recette, on ne prélève que la peau du canard mais de plus en plus de restaurants aujourd'hui servent aussi la chair.

6	Fermer le rouleau et déguster aussitôt. (Garnir les crêpes une à une pour les déguster chaudes.)	**LE TRUC** ❋
		S'il reste de la viande, l'utiliser pour préparer un sung choi bau (recette 20).

LE TRUC ❋	**LE TRUC** ❋
Réchauffer les crêpes au dernier moment et procéder en plusieurs fois pour les servir bien chaudes.	La carcasse du canard peut servir à préparer un bouillon. Utiliser ce dernier pour parfumer une soupe ou un risotto.

AILES DE POULET MARINÉES

POUR 6 PERSONNES • MARINADE : 4 À 8 HEURES • PRÉPARATION : 20 MINUTES • CUISSON : 40 MINUTES

1 kg d'ailes de poulet
1 cuillerée à café d'huile de sésame
2 cuillerées à soupe de sauce
au piment douce

3 cuillerées à soupe de sauce de soja
2 cuillerées à soupe de kecap manis
1 cuillerée à soupe de jus de citron

1 2
3 4

1	Couper les pointes des ailes avec un fendoir à viande et les éliminer.	2	Toujours avec le fendoir, recouper les ailes en deux au niveau de l'articulation.
3	Mettre dans un saladier l'huile de sésame, la sauce au piment, la sauce de soja et le kecap manis. Bien mélanger.	4	Ajouter les morceaux de poulet et remuer. Couvrir et faire mariner de 4 à 8 heures au réfrigérateur. ➤

5 Préchauffer le four à 220 °C (thermostat 7-8). Mettre les ailes de poulet dans un grand plat et les faire cuire 40 minutes. Penser à les retourner et à les badigeonner plusieurs fois de marinade.

VARIANTE

On peut aussi préparer cette recette avec des pilons de poulet. Augmenter le temps de cuisson en conséquence car les morceaux sont plus gros.

6 Les sortir du four quand ils sont bien cuits et légèrement caramélisés.

SUGGESTION

Ces ailes de poulet caramélisées peuvent s'emporter froids pour un pique-nique ou un déjeuner sur le pouce.

CANARD EN CROÛTE D'ÉPICES

❧ POUR 4 PERSONNES • PRÉPARATION : 15 MINUTES • CUISSON : 30 MINUTES ❧

4 filets de canard avec la peau
2 cuillerées à soupe de farine
½ cuillerée à café de cinq-épices
½ cuillerée à café de piment moulu

1 cuillerée à café de sel fin
de l'huile d'arachide pour la cuisson
3 oignons verts émincés
des légumes vapeur pour servir

SAUCE AUX PRUNES
250 ml de sauce aux prunes
1 à 2 cuillerées à soupe de vinaigre de riz

1 2
3 4

1	Poser les filets de canard sur une assiette, peau vers le haut, et les piquer en plusieurs endroits avec une pique.	2	Mettre l'assiette dans un panier vapeur, couvrir et faire cuire la viande 10 à 15 minutes sur une casserole d'eau frémissante.
3	Faire égoutter les morceaux de canard sur une grille et les laisser refroidir un peu pour pouvoir les manipuler sans se brûler.	4	Bien mélanger dans une assiette creuse la farine, le cinq-épices, le piment et le sel.

5 6
7 8

5	Retourner les morceaux de canard dans ce mélange pour les fariner des deux côtés.	6	Les secouer un peu pour éliminer l'excédent de farine.
7	Faire chauffer de l'huile dans une casserole et laisser frire le canard 3 minutes de chaque côté pour qu'il croustille. Le couper en tranches.	8	Réchauffer la sauce aux prunes avec le vinaigre jusqu'à l'ébullition.

9 Disposer le canard sur des assiettes, napper de sauce, garnir d'oignon vert et servir avec les légumes vapeur.

LE TRUC
※

Cette recette peut se préparer avec des pavés de saumon. Prendre soin d'enlever les arêtes.

VARIANTE
※

Une sauce aigre-douce se marie aussi très bien avec cette recette. On la réchauffera rapidement avant de servir.

NASI GORENG

POUR 4 PERSONNES • PRÉPARATION : 20 MINUTES • CUISSON : 10 MINUTES

1 cuillerée à soupe d'huile d'arachide
1 cuillerée à café de sambal oelek
2 gousses d'ail écrasées
250 g de poulet détaillé en petits dés

250 g de crevettes crues décortiquées
3 oignons verts émincés
750 g de riz cuit bien froid (recette 02)
1 cuillerée à soupe de kecap manis

1 cuillerée à soupe de sauce de soja
4 œufs
2 tomates en tranches fines
½ concombre en tranches

1	Verser l'huile dans un wok chaud, ajouter le sambal oelek, le poulet et les crevettes. Faire colorer la viande à feu vif.	2	Ajouter les oignons verts et le riz. Laisser cuire encore 5 minutes pour que le riz soit bien chaud.
3	Mélanger les sauces et les verser dans le wok. Remuer. Sortir le nasi goreng du wok pour y faire frire les œufs un à un.	4	Présenter le riz en dôme sur les assiettes, couvrir d'un œuf au plat et garnir de tomate et de concombre.

LES PRODUITS DE LA MER

4

VITE PRÊTS

Calamars au piment doux 50
Huîtres à la chinoise 51
Moules à la citronnelle 52
Calamars sel-poivre 53

TOUT SIMPLES

Curry de fruits de mer 54
Poisson au gingembre 55
Saint-Jacques aux mangetouts 56
Marmite chinoise au saumon 57
Poisson au miso 58

AU RIZ OU AUX NOUILLES

Nouilles aux fruits de mer 59
Riz sauté aux crevettes 60

LES SUSHI

Chirashi sushi 61
Temaki sushi 62

CALAMARS AU PIMENT DOUX

⇾ POUR 4 PERSONNES • PRÉPARATION : 20 MINUTES • CUISSON : 10 MINUTES ⇽

500 g de corps de petits calamars nettoyés
1 cuillerée à soupe d'huile végétale
3 cuillerées à soupe de sauce piment douce

1 cuillerée à soupe de sauce de poisson
1 cuillerée à soupe de jus de citron vert
150 g de salade mélangée

50 g de germes de soja
1 concombre en tranches fines

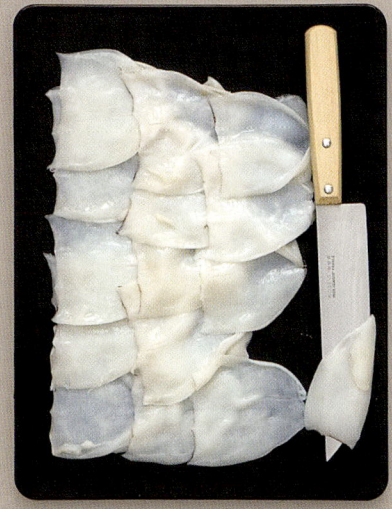 

1	Couper en deux les corps des calamars et les étaler sur une planche.	2	Avec la pointe d'un couteau, les inciser légèrement dans un sens, en diagonale, sans percer la chair.
3	Faire des entailles légères dans l'autre sens. Détailler ensuite les calamars en petits morceaux.	4	Saisir les calamars au wok, dans l'huile à peine fumante, jusqu'à ce qu'ils se rétractent.

5	Mélanger les deux sauces et le jus de citron. Verser dans le wok et laisser légèrement épaissir ce jus de cuisson.		**VARIANTE**
			Remplacer les calamars par des grosses crevettes crues.
VARIANTE		**SUGGESTION**	
Cette recette peut aussi se préparer avec des gros calamars, dont la chair est un peu plus ferme.		Ces calamars peuvent être servis chauds, avec des pois gourmands et des asperges juste sautés au wok.	

6	Répartir la salade sur des assiettes, ajouter le concombre et les germes de soja et terminer par les calamars.	**LE TRUC**
		Pour gagner du temps, détailler simplement les calamars en anneaux.
	SUGGESTION	**SUGGESTION**
	Faire mariner les calamars dans la sauce (doubler la quantité des ingrédients) pour les faire cuire au barbecue.	Cette recette est parfaite pour un buffet chinois. On présentera les calamars dans des petits bols ou dans des boîtes en carton.

HUÎTRES À LA CHINOISE

→ POUR 24 HUÎTRES • PRÉPARATION : 15 MINUTES • CUISSON : 2 MINUTES ←

2 saucisses chinoises (lap cheong)
24 huîtres (les ouvrir au dernier moment)
1 cuillerée à soupe de sauce Worcestershire
1 cuillerée à soupe de sucre de palme râpé
1 cuillerée à soupe de sauce de poisson
1 cuillerée à soupe de jus de citron vert
1 gros piment rouge épépiné et émincé

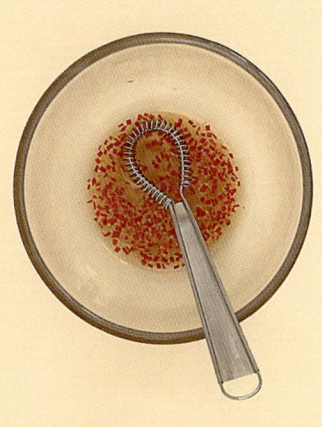

1	Avec un couteau tranchant, hacher le plus finement possible les saucisses chinoises.	2	Ouvrir les huîtres. En mettre 12 sur une planche et 12 sur une plaque. Les garnir de sauce Worcestershire et de saucisse chinoise.
3	Dans un bol, fouetter ensemble le sucre, la sauce de poisson, le jus de citron et le piment.	4	Répartir cette sauce sur les huîtres à servir froides (sur la planche).

5	Passer les autres huîtres 2 minutes sous le gril du four préchauffé. La saucisse doit croustiller légèrement.

VARIANTE

On peut remplacer les saucisses chinoises par de fines tranches de bacon hachées.

SUGGESTION

Cette préparation convient aussi pour des grosses moules. On peut également servir un mélange d'huîtres et de moules.

6	Servir les huîtres chaudes dès leur sortie du four, avec les huîtres froides.

VARIANTE
❈

Pour l'assaisonnement des huîtres froides, on peut essayer ce mélange : huile pimentée, sauce de soja claire, oignons verts émincés et gingembre frais râpé.

VARIANTE
❈

Faire cuire les huîtres à la vapeur, sans les accommoder. Proposer l'assaisonnement à part.

MOULES À LA CITRONNELLE
POUR 4 PERSONNES • PRÉPARATION : 15 MINUTES • CUISSON : 10 MINUTES

1 kg de moules
2 cuillerées à soupe d'huile végétale
3 tiges de citronnelle émincées
2 cuillerées à soupe de gingembre frais râpé

125 ml de bouillon de poisson
1 cuillerée à soupe de sauce de poisson
1 piment rouge épépiné et émincé
15 g de coriandre fraîche

3 oignons verts émincés
2 cuillerées à soupe de jus de citron vert

1	Nettoyer les moules (enlever le byssus) et jeter celles qui restent ouvertes.	2	Faire chauffer l'huile dans un wok pour faire revenir la citronnelle et le gingembre.	3	Au bout de 2 minutes, ajouter les moules. Bien mélanger.
4	Mélanger le bouillon et la sauce de poisson. Verser sur les moules.	5	Couvrir et faire ouvrir les moules à feu vif ; jeter celles qui restent fermées.	6	Répartir les moules dans des bols. Les garnir avec le reste des ingrédients.

CALAMARS SEL-POIVRE
POUR 4 À 6 PERSONNES • PRÉPARATION : 30 MINUTES • CUISSON : 10 MINUTES

1 kg de petits calamars
4 cuillerées à soupe de sel
3 cuillerées à soupe de grains de poivre blanc
2 cuillerées à café de sucre en poudre

125 g de fécule de maïs
125 g de farine
4 blancs d'œufs légèrement battus
de l'huile d'arachide pour la cuisson

POUR SERVIR
des quartiers de citron
de la sauce de soja (facultatif)

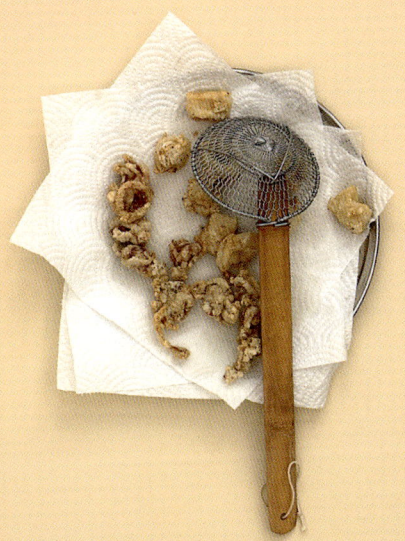

1	Nettoyer les calamars. Détailler les corps en anneaux. Couper les tentacules en deux.	2	Piler dans un mortier le sel, les grains de poivre et le sucre pour obtenir une poudre fine.	3	La mettre dans un bol et bien la mélanger avec la fécule de maïs et la farine.
4	Plonger les calamars dans les blancs d'œufs avant de les passer dans la farine.	5	Les faire frire 2 minutes au wok, dans un bain d'huile très chaude.	6	Les servir aussitôt avec les quartiers de citron et de la sauce de soja.

CURRY DE FRUITS DE MER

❧ POUR 4 PERSONNES • PRÉPARATION : 10 MINUTES • CUISSON : 25 MINUTES ❧

1 pousse de bambou entière (120 g) en boîte
500 g de grosses crevettes crues
250 g de poisson blanc
200 g de noix de Saint-Jacques fraîches
2 cuillerées à soupe d'huile végétale

2 à 3 cuillerées à soupe de pâte de curry thaï rouge
2 cuillerées à café de pâte de crevettes
500 ml de lait de coco
1 cuillerée à soupe de sauce de poisson

1 cuillerée à soupe de sucre de palme râpé
4 feuilles de combava ciselées
200 g de haricots verts éboutés
du riz jasmin à la vapeur pour servir (recette 02)

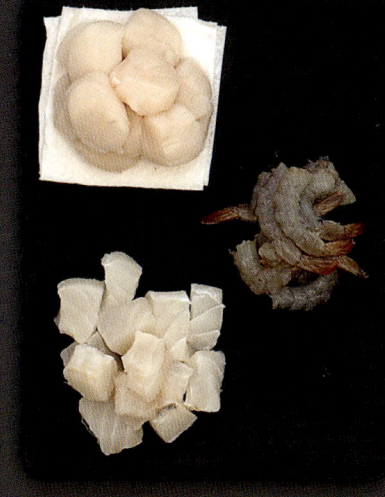

1 2
3 4

1	Rincer la pousse de bambou et bien l'égoutter. La détailler en bâtonnets fins.	2	Décortiquer les crevettes. Couper les filets de poisson en petits cubes. Sécher les noix de Saint-Jacques avec du papier absorbant.
3	Faire revenir la pâte de curry et la pâte de crevettes au wok, dans l'huile chaude. Bien mélanger à feu vif. L'huile va finir par se dissocier de la pâte de curry.	4	Verser alors le lait de coco et la sauce de poisson. Ajouter le sucre et les feuilles de combava, porter à ébullition puis réduire le feu et laisser frémir 10 minutes.

5 Ajouter les pousses de bambou et les haricots verts. Laisser cuire 5 minutes. Mettre ensuite les crevettes, les Saint-Jacques et le poisson dans le wok. Les faire cuire environ 5 minutes.

VARIANTE

Cette recette peut aussi se préparer avec un seul poisson ou fruit de mer.

LE TRUC

Pour préparer ce curry à l'avance, on fera cuire la sauce et les légumes d'abord et on ajoutera poisson et fruits de mer juste avant de servir.

6 Vérifier que le poisson et les fruits de mer sont cuits à point (mais ils ne doivent pas cuire trop longtemps pour éviter qu'ils ne soient trop secs). Servir aussitôt avec le riz jasmin.

VARIANTE
❋

On peut aussi utiliser des pousses de bambou émincées.

LE TRUC
❋

Les pâtes de curry du commerce sont plus ou moins fortes. Il vaut mieux en mettre un peu moins que la quantité indiquée et en rajouter ensuite si nécessaire.

POISSON AU GINGEMBRE

POUR 4 PERSONNES • PRÉPARATION : 10 MINUTES • CUISSON : 20 MINUTES

10 cm de gingembre frais
4 filets (750 g) de poisson blanc
(bar, cabillaud…)
3 cuillerées à soupe de vin de riz de Shaoxing

3 cuillerées à soupe de sauce de soja claire
1 cuillerée à soupe de sucre en poudre
2 cuillerées à soupe d'huile d'arachide
1 cuillerée à café d'huile de sésame

2 oignons verts émincés
quelques tiges de coriandre

55

1 2
3 4

1	Peler le gingembre et le détailler en bâtonnets fins.	2	Mettre les filets de poisson sur une assiette et les garnir de gingembre.
3	Fouetter ensemble dans un bol le vin de riz, la sauce de soja et le sucre. Verser ce mélange sur le poisson.	4	Faire chauffer les deux huiles au wok. Quand elles commencent à fumer, les verser sur les filets de poisson. ➤

5	Glisser l'assiette dans un grand panier en bambou. Couvrir et faire cuire 15 minutes sur une casserole d'eau frémissante.	**LE TRUC** Pour une recette plus légère, supprimer l'huile et la sauce au vin de riz.
	VARIANTE Préparer cette recette avec de grosses crevettes crues ou des noix de Saint-Jacques.	**SUGGESTION** On peut faire cuire les légumes en même temps que le poisson, dans un panier vapeur placé au dessus.

6 Disposer le poisson sur les assiettes et garnir d'oignon vert et de coriandre. Servir avec des légumes vapeur (ici des bok choy).	**LE TRUC** Il faut un grand panier vapeur pour cette recette. À défaut, on fera cuire le poisson en plusieurs tournées, sur des petites assiettes.
VARIANTE Cette recette peut également se préparer avec des blancs de poulet (sans la peau).	

SAINT-JACQUES AUX MANGETOUTS

POUR 4 PERSONNES • PRÉPARATION : 10 MINUTES • CUISSON : 10 MINUTES

1 cuillerée à soupe d'huile végétale
2 gousses d'ail hachées très fin
1 cuillerée à soupe de gingembre frais râpé
2 oignons verts émincés

300 g de noix de Saint-Jacques fraîches
200 g de mangetouts ou pois gourmands
2 cuillerées à soupe de vin de riz de Shaoxing
1 cuillerée à soupe de sauce de soja claire

3 cuillerées à soupe de bouillon de volaille
du riz cuit pour servir

1	Faites revenir 2 minutes au wok, dans l'huile bien chaude, l'ail, le gingembre et les oignons verts.	2	Ajouter les Saint-Jacques et les pois gourmands. Laisser sauter 3 minutes pour que les Saint-Jacques deviennent opaques.
3	Mélanger le vin de riz, la sauce de soja, le sucre et le bouillon. Verser dans le wok et faire épaissir cette sauce à feu vif.	4	Servir aussitôt les noix de Saint-Jacques avec le riz.

MARMITE AU SAUMON

POUR 4 PERSONNES • PRÉPARATION : 10 MINUTES • CUISSON : 20 MINUTES

1 cuillerée à soupe d'huile végétale
2 pavés de saumon de 200 g chacun
(garder la peau)
4 cuillerées à soupe de sucre brun

4 cuillerées à soupe de sauce de poisson
2 oignons verts émincés
du riz cuit pour servir (recette 02)

1	Faire fumer l'huile dans une poêle pour y cuire le saumon sur la peau. Quand celle-ci croustille, mettre le saumon dans une marmite en terre.	2	Verser le sucre et la sauce de poisson dans la poêle. Faire épaissir le mélange à feu doux en remuant pour dissoudre le sucre.
3	Verser le sirop obtenu sur le saumon, couvrir et laisser frémir 15 minutes pour que le saumon soit cuit à point.	4	Garnir d'oignon vert et servir aussitôt avec le riz cuit.

POISSON AU MISO

→ POUR 4 PERSONNES • TREMPAGE : 10 MINUTES • PRÉPARATION : 10 MINUTES • CUISSON : 20 MINUTES ←

4 champignons chinois séchés
200 g de nouilles soba
30 g de beurre
2 cuillerées à soupe de saké

2 cuillerées à soupe de mirin
1 cuillerée à soupe de sauce de soja
1 cuillerée à soupe de sucre en poudre
3 cuillerées à soupe de miso jaune

4 pavés de poisson blanc sans arêtes
(bar ou cabillaud)
2 oignons verts émincés
du riz cuit pour servir (recette 02)

1	Préchauffer le four à 220 °C (thermostat 7-8). Mettre les champignons 10 minutes dans de l'eau très chaude, les égoutter et les émincer.	2	Faire cuire les nouilles dans de l'eau bouillante. Quand elles sont souples, les égoutter et les rincer abondamment.
3	Dans une casserole, porter à ébullition le beurre, le saké, le mirin, la sauce de soja et le sucre. Retirer du feu pour ajouter le miso.	4	Sur 4 carrés d'aluminium, répartir les nouilles et les pavés de poisson. Ajouter les oignons verts et les champignons.

5 — Verser la sauce sur les pavés de poisson et fermer hermétiquement ces papillotes. Les mettre sur une plaque de cuisson et les faire cuire 15 minutes au four.

VARIANTE

On peut aussi préparer cette recette avec des blancs de poulet (sans la peau) ou du tofu.

LE TRUC

Une fois les champignons bien égouttés, éliminer la partie du pied attachée au chapeau car elle est dure et fibreuse.

6 — Ouvrir les papillotes. Servir le poisson dans sa feuille d'aluminium, avec le riz cuit.

LE TRUC

On peut faire cuire ces papillotes dans un barbecue fermé ou sous le gril du four.

VARIANTE

Les nouilles udon ou hokkien conviennent aussi très bien pour cette recette.

NOUILLES AUX FRUITS DE MER

POUR 4 PERSONNES • PRÉPARATION : 15 MINUTES • CUISSON : 15 MINUTES

300 g de petits calamars nettoyés
300 g de grosses crevettes crues
12 noix de Saint-Jacques
1 cuillerée à soupe d'huile végétale
1 cuillerée à café d'huile de sésame

3 oignons verts émincés
1 cuillerée à soupe de gingembre frais râpé
1 poivron rouge en fines lanières
400 g de nouilles hokkien fraîches

2 cuillerées à soupe de sauce d'huître
2 cuillerées à soupe de sauce de soja
2 cuillerées à soupe de kecap manis
1 bok choy émincé

59

1 2
3 4

1	Détailler les corps de calamars en anneaux ; couper en deux les tentacules. Décortiquer les crevettes. Essuyer les noix de Saint-Jacques avec du papier absorbant.	2	Faire revenir 3 minutes au wok, dans l'huile très chaude, les oignons verts, le gingembre et le poivron. Ajouter tous les fruits de mer et les faire cuire également 3 minutes à feu vif.
3	Ajouter les nouilles et les trois sauces, remuer, puis incorporer le bok choy.	4	Retirer du feu quand la sauce a épaissi et que le bok choy est juste flétri. Servir aussitôt.

RIZ SAUTÉ AUX CREVETTES

❧ POUR 4 PERSONNES • PRÉPARATION : 15 MINUTES • CUISSON : 15 MINUTES ❧

500 g de crevettes crues
3 cuillerées à soupe d'huile végétale
3 œufs légèrement battus

2 saucisses chinoises (lap cheong)
ou 2 tranches de bacon hachées très fin
1 cuillerée à soupe de gingembre frais râpé

740 g de riz cuit refroidi
2 cuillerées à soupe de vin de riz de Shaoxing
2 cuillerées à soupe de sauce de soja
3 oignons verts émincés

1	Décortiquer les crevettes avant de les couper en petits morceaux.	2	Faire chauffer la moitié de l'huile dans un wok pour y faire cuire les œufs en omelette.	3	Sortir l'omelette du wok, la rouler serré et la détailler en fines lanières.
4	Faire sauter le gingembre, les crevettes et les saucisses dans le reste d'huile.	5	Ajouter le riz, puis le vin de riz et la sauce de soja. Réchauffer à feu vif.	6	Terminer par les oignons verts. Remuer et servir aussitôt.

CHIRASHI SUSHI

POUR 4 PERSONNES • PRÉPARATION : 20 MINUTES • CUISSON : 20 MINUTES

1 cuillerée à soupe d'huile végétale
2 œufs légèrement battus
880 g de riz pour sushi (recette 03)

1 feuille de nori ciselée
200 g de saumon très frais en tranches fines
200 g de thon très frais en tranches fines

½ concombre en tranches fines
½ cuillerée à café de wasabi
100 g de gingembre mariné

1	Faire chauffer l'huile dans un wok pour cuire les œufs en omelette fine (la faire cuire des deux côtés).	2	Rouler l'omelette très serré pour la découper en fins tronçons réguliers.	3	Étaler le riz dans 4 assiettes japonaises carrées et le garnir de feuille de nori ciselée.
4	Disposer les tranches de saumon et de thon sur le riz.	5	Ajouter le concombre et les tronçons d'omelette.	6	Garnir d'une noisette de wasabi et de gingembre mariné. Servir aussitôt.

TEMAKI SUSHI

⇾ POUR 4 PERSONNES • PRÉPARATION : 15 MINUTES + CUISSON DU RIZ ⇽

300 g de saumon très frais sans la peau
½ concombre
1 avocat

4 feuilles de nori
440 g de riz pour sushi (recette 03)
¼ de cuillerée à café de wasabi

un peu de wasabi et de la sauce de soja pour servir

62

1 2
3 4

1	Couper le saumon le concombre et l'avocat en bâtonnets de la même taille à l'aide d'un couteau tranchant.	2	Couper les feuilles de nori en deux, puis encore en deux pour faire des carrés.
3	Mettre un peu de riz au milieu de chaque carré de nori. Ajouter un trait de wasabi, un bâtonnet de saumon, un d'avocat et un de concombre.	4	Rouler le sushi en cornet et servir aussitôt avec la sauce de soja et du wasabi.

LES LÉGUMES

LES FRITURES

Tofu agedashi 63
Tempura de légumes 64

LES CURRYS

Curry vert de légumes 65
Curry de potiron 66

AVEC DES ŒUFS

Omelette chinoise 67
Gado gado 68

EN ACCOMPAGNEMENT

Légumes marinés 69
Tofu vapeur au gingembre 70
Nouilles aux légumes 71
Salade épinards-haricots 72
Légumes sautés au wok 73
Bok choy vapeur 74

TOFU AGEDASHI

❈ POUR 4 PERSONNES • ÉGOUTTAGE : 15 MINUTES • PRÉPARATION : 15 MINUTES • CUISSON : 10 MINUTES ❈

500 g de tofu ferme
de la farine
1 cuillerée à café de dashi en poudre

2 cuillerées à soupe de sauce de soja claire
2 cuillerées à soupe de mirin
de l'huile d'arachide pour la cuisson

POUR SERVIR
2 cuillerées à soupe de flocons de bonite
2 oignons verts émincés
du riz cuit (recette 02)

1	Faire égoutter le tofu sur une planche, entre deux feuilles de papier absorbant. Couvrir d'une autre planche.	2	Laisser égoutter 15 minutes. Le couper ensuite en petits rectangles que l'on sèche avec du papier absorbant.	3	Retourner les morceaux de tofu dans la farine puis les secouer pour éliminer l'excédent.
4	Faire frémir 5 minutes le dashi, la sauce de soja, le mirin et 500 ml d'eau chaude.	5	Faire frire le tofu au wok, dans de l'huile très chaude. Bien l'égoutter.	6	Servir le tofu dans un peu de bouillon chaud, avec la bonite, les oignons et le riz.

TEMPURA DE LÉGUMES

POUR 4 PERSONNES • PRÉPARATION : 15 MINUTES • CUISSON : 15 MINUTES

200 g de patate douce en julienne
1 oignon émincé
1 poivron rouge en fines lanières
100 g de champignons shiitake
100 g de haricots verts éboutés

de l'huile végétale pour la friture

PÂTE À TEMPURA
2 jaunes d'œufs
250 g de farine

SAUCE
1 pointe de couteau de dashi en poudre
2 cuillerées à soupe de mirin
2 cuillerées à soupe de sauce de soja claire

1 2
3 4

1	Pour la sauce, mélanger le dashi avec le mirin, la sauce de soja et 2 cuillerées à soupe d'eau chaude. Après l'ébullition, laisser refroidir à température ambiante.	2	Pour la pâte, battre les œufs avec 500 ml d'eau très froide. Verser la farine en une seule fois et battre légèrement pour qu'il reste quelques grumeaux.
3	Mélanger dans un saladier les patates douces, les oignons et la moitié de la pâte.	4	Plonger les autres légumes un à un dans le reste de pâte et bien les égoutter.

5 Avec les patates douces, préparer des portions de 60 g environ et les faire frire dans l'huile très chaude jusqu'à ce qu'elles croustillent. Égoutter sur du papier absorbant.

LE TRUC

On obtiendra une pâte à tempura très légère si on la prépare avec de l'eau pétillante.

VARIANTE

D'autres légumes se prêtent à la tempura comme les pois gourmands ou les mini-épis de maïs.

		LE TRUC
6	Faire frire de la même façon les autres légumes en plusieurs fois et les égoutter. Servir la tempura sur un grand plat, avec la sauce pour tremper.	Pour des beignets croustillants et dorés, faites plusieurs cuissons avec peu de légumes à chaque fois.
		SUGGESTION
		Préparer deux fois plus de sauce et garder le surplus au réfrigérateur pour assaisonner une salade froide de nouilles soba.

CURRY VERT DE LÉGUMES

❧ POUR 4 PERSONNES • PRÉPARATION : 15 MINUTES • CUISSON : 30 MINUTES ❧

1 cuillerée à soupe d'huile végétale
2 cuillerées à soupe de pâte de curry verte
200 g de tofu ferme en cubes
500 ml de lait de coco

4 feuilles de combava ciselées
1 poivron rouge en morceaux
2 courgettes en tranches
100 g de mini-épis de maïs

200 g de champignons de Paris
1 cuillerée à soupe de sucre de palme râpé
1 cuillerée à soupe de jus de citron vert
du riz cuit pour servir (recette 02)

1 2
3 4

1	Faire chauffer l'huile dans une casserole pour y réchauffer la pâte de curry. Remuer jusqu'à ce que le mélange soit dissocié.	2	Ajouter le tofu et le laisser brunir. Pendant ce temps, préparer les champignons : éliminer les pieds et couper les chapeaux en deux.
3	Verser le lait de coco sur le tofu avant d'ajouter les légumes et les feuilles de combava. Laisser frémir 20 minutes.	4	Incorporer le sucre de palme et le jus de citron. Servir aussitôt avec le riz cuit.

CURRY DE POTIRON

❖ POUR 4 PERSONNES • PRÉPARATION : 15 MINUTES • CUISSON : 30 MINUTES ❖

1 cuillerée à soupe d'huile végétale
2 cuillerées à soupe de pâte satay
2 cuillerées à soupe de gingembre frais râpé
500 g de potiron pelé et coupé en gros cubes

200 g de tofu ferme égoutté et coupé en cubes
200 g de tomates cerises
500 ml de crème de coco

100 g de jeunes feuilles d'épinards
1 petit bouquet de coriandre
du riz cuit pour servir (recette 02)

1	Faites revenir la pâte de satay et le gingembre dans l'huile chaude pendant 3 minutes, à feu moyen. Le mélange doit se dissocier.	2	Ajouter les morceaux de potiron, bien remuer pour les couvrir de sauce et les laisser s'attendrir un peu.
3	Ajouter le tofu, les tomates et la crème de coco. Dès l'ébullition, baisser le feu et laisser frémir 20 minutes.	4	Quand le potiron est cuit, incorporer les épinards et la coriandre. Remuer et servir aussitôt avec le riz cuit.

OMELETTE CHINOISE

POUR 2 PERSONNES • PRÉPARATION : 15 MINUTES • CUISSON : 10 MINUTES

6 œufs
3 oignons verts émincés
1 cuillerée à soupe de sauce de soja claire

2 cuillerées à soupe d'huile végétale
100 g de champignons shiitake émincés
1 tomate en morceaux

1 petit bok choy émincé
50 g de germes de soja
1 cuillerée à soupe de kecap manis

1 2
3 4

1	Battre les œufs avec les oignons verts et la sauce de soja.	2	Faire dorer les champignons 5 minutes au wok, dans la moitié de l'huile que l'on aura préchauffée. Les sortir du wok.
3	Faire chauffer le reste d'huile et verser les œufs battus. Incliner le wok en tous sens pour répartir l'omelette.	4	Quand l'omelette est presque prise, la garnir avec les champignons, la tomate, le bok choy et les germes de soja.

5	Plier l'omelette en deux pour enfermer cette garniture.	VARIANTE ※
		Cette omelette sera aussi très bonne garnie de riz sauté.
LE TRUC ※		VARIANTE ※
On peut préparer des omelettes individuelles plutôt qu'une seule grande omelette.		En garniture, essayer aussi d'autres légumes (courgettes, poivrons, maïs) et du tofu.

6	Faire glisser l'omelette sur un grand plat, l'arroser de kecap manis et la servir aussitôt.	**SUGGESTION** Cette omelette est parfaite pour un brunch, un déjeuner léger ou un dîner.
VARIANTE	Pour l'assaisonnement final, on peut remplacer le kecap manis par de la sauce d'huître.	**LE TRUC** À l'étape 3, l'huile doit être très chaude pour que les œufs soient bien saisis.

GADO GADO

POUR 4 PERSONNES • PRÉPARATION : 20 MINUTES • CUISSON : 10 MINUTES

150 g de chou blanc émincé
200 g de haricots verts éboutés
2 carottes en tranches fines
2 pommes de terre en tranches fines
100 g de germes de soja

2 œufs durs écalés et coupés en quatre
2 cuillerées à soupe d'échalotes frites
SAUCE AUX CACAHUÈTES
60 ml d'huile d'arachide
200 g de cacahuètes nature

2 gousses d'ail hachées très fin
4 échalotes d'Asie hachées très fin
½ cuillerée à café de sambal oelek
1 cuillerée à soupe de kecap manis
1 cuillerée à soupe de concentré de tamarin

1 2
3 4

1	Faire cuire séparément tous les légumes, à l'eau bouillante ou à la vapeur.	2	Pour la sauce, faire dorer les cacahuètes au wok dans l'huile chaude. Les égoutter. Laisser 1 cuillerée à soupe d'huile dans le wok.
3	Réduire les cacahuètes en poudre, au robot ou dans un mortier. Écraser l'ail et les échalotes pour obtenir une pâte homogène.	4	Réchauffer l'huile réservée et laisser revenir cette pâte dans le wok, jusqu'à ce qu'elle soit dorée. ➤

5

Ajouter les cacahuètes, le sambal oelek, le kecap manis et le tamarin. Mouiller avec 500 ml d'eau et faire épaissir cette sauce à feu moyen jusqu'au point d'ébullition, en remuant de temps en temps.

VARIANTE

D'autres mélanges conviennent pour cette recette, par exemple pois gourmands, patates douces et brocolis.

SUGGESTION

Tous les ingrédients du gado gado peuvent être préparés à l'avance. Servir cette grande salade pour une barbecue party.

6	Servir les légumes et les œufs avec la sauce aux cacahuètes et les échalotes frites.	SUGGESTION
		Cette sauce est délicieuse chaude avec du tempeh ou du tofu frits.
	LE TRUC	SUGGESTION
	S'il reste de la sauce, la mettre au réfrigérateur dans un récipient hermétique et la réchauffer pour accompagner des brochettes de poulet.	Servir le gado gado avec des chips de manioc (en vente dans les épiceries exotiques).

LÉGUMES MARINÉS

❖ POUR 1 BOCAL DE 1 LITRE • PRÉPARATION : 50 MINUTES • MARINADE 8 HEURES ❖

2 carottes
1 daïkon (radis blanc)
200 g de germes de soja
1 concombre

1 petit piment rouge
2 cuillerées à soupe de sel
250 ml de vinaigre de riz

2 cuillerées à soupe de sucre en poudre
3 cuillerées à soupe de menthe fraîche
3 cuillerées à soupe de menthe vietnamienne

69

1	Peler les légumes et les détailler en bâtonnets. Hacher le piment très fin.	2	Mettre les légumes dans un saladier en verre et les saupoudrer de sel.
3	Les faire dégorger 30 minutes avant de les rincer à l'eau froide. Bien les égoutter.	4	Les tasser dans un bocal en verre. ➢

5	Fouetter le sucre et le vinaigre puis ajouter 125 ml d'eau. Verser sur les légumes. Fermer le bocal.	**LE TRUC** Utiliser un bocal stérilisé avec un joint en caoutchouc qui permet une fermeture hermétique.
	LE TRUC Ces légumes marinés peuvent accompagner la plupart des recettes vietnamiennes.	**VARIANTE** D'autres légumes conviennent pour ce mélange. On peut aussi les découper en leur donnant des formes décoratives.

		VARIANTE
6	Laisser mariner toute une nuit. Servir avec les deux variétés de menthe.	À défaut de menthe vietnamienne (magasins asiatiques), prendre de la menthe ordinaire.
	LE TRUC	LE TRUC
	On peut éliminer les pépins du piment si on préfère des mélanges moins relevés.	Bien se laver les mains après avoir épépiné le piment pour éviter les irritations de la peau.

TOFU VAPEUR AU GINGEMBRE

↠ POUR 4 PERSONNES • PRÉPARATION : 10 MINUTES • CUISSON : 10 MINUTES ↞

500 g de tofu ferme
1 cuillerée à soupe de gingembre frais détaillé en bâtonnets fins
2 cuillerées à soupe de vin de riz de Shaoxing

2 cuillerées à soupe de sauce de soja claire
1 cuillerée à café de sucre en poudre
3 oignons verts émincés

1 gros piment rouge émincé
2 cuillerées à soupe d'échalotes frites
½ cuillerée à café de poivre blanc moulu

70

1	Couper le tofu en quatre. Le mettre sur une assiette plate et le garnir avec la moitié du gingembre.	2	Mélanger le vin de riz, la sauce de soja et le sucre ; bien remuer pour dissoudre le sucre. Verser la moitié de cette sauce sur le tofu.
3	Glisser l'assiette dans un panier en bambou, couvrir et faire cuire 10 minutes à la vapeur, sur une casserole d'eau frémissante.	4	Assaisonner le tofu avec le reste de sauce et le poivre ; le garnir de gingembre, d'oignon vert et d'échalotes frites. Servir aussitôt.

NOUILLES AUX LÉGUMES

POUR 4 PERSONNES • PRÉPARATION : 15 MINUTES • CUISSON : 10 MINUTES

250 g de nouilles sèches aux œufs
1 cuillerée à soupe d'huile végétale
1 cuillerée à café d'huile de sésame
300 g de tofu ferme en bâtonnets

1 poivron rouge en fines lanières
1 carotte en tranches fines
1 courgette en tranches fines
200 g de pois gourmands

200 g de brocolis en fleurettes
3 cuillerées à soupe de kecap manis
2 cuillerées à café de sambal oelek

1 2
3 4

1	Faire cuire les nouilles à l'eau bouillante. Bien les égoutter.	2	Faire chauffer l'huile à feu vif dans un wok pour y faire dorer le tofu.
3	Faire ensuite sauter les légumes 3 minutes. Ajouter les nouilles, puis le kecap manis et le sambal oelek mélangés au préalable.	4	Laisser les nouilles sur le feu jusqu'à ce qu'elles soient bien chaudes. Répartir le mélange dans des bols et servir aussitôt.

SALADE ÉPINARDS-HARICOTS

➤ POUR 4 PERSONNES • TREMPAGE : 15 MINUTES • PRÉPARATION : 15 MINUTES • CUISSON : 15 MINUTES ➤

10 g de wakame
200 g de haricots verts éboutés
300 g de jeunes feuilles d'épinards

ASSAISONNEMENT
2 cuillerées à soupe de graines de sésame grillées
1 jaune d'œuf

3 cuillerées à soupe de miso blanc
2 cuillerées à soupe de saké
½ cuillerée à soupe de sucre en poudre
1 cuillerée à soupe de mirin

1	Faire tremper le wakame 15 minutes dans l'eau tiède. Bien l'égoutter.	2	Cuire les haricots et les épinards à la vapeur. Les rincer et les couper en deux.	3	Pour la sauce, écraser légèrement les graines de sésame dans un mortier.
4	En mélanger la moitié avec les ingrédients de la sauce. Réserver le reste pour servir.	5	Répartir sur les assiettes le wakame, les épinards et les haricots.	6	Versez un peu de sauce et saupoudrer du reste de sésame.

LÉGUMES SAUTÉS AU WOK

POUR 4 PERSONNES • PRÉPARATION : 15 MINUTES • CUISSON : 15 MINUTES

1 cuillerée à soupe d'huile végétale	200 g de brocolis chinois en tronçons	3 cuillerées à soupe de vin de riz de Shaoxing
1 oignon émincé	200 g de pois gourmands ou mangetouts	1 cuillerée à soupe de sauce de soja claire
2 gousses d'ail hachées	300 g de chou chinois émincé	1 cuillerée à soupe de fécule de maïs
200 g d'asperges vertes en tronçons de 4 cm		

1 2
3 4

1	Faire revenir l'oignon et l'ail 3 minutes au wok, dans l'huile bien chaude.	2	Ajouter les légumes, les faire sauter à feu vif en remuant, mouiller avec un peu d'eau et les laisser cuire jusqu'à ce qu'ils soient juste tendres.
3	Délayer la fécule de maïs dans le vin de riz et la sauce de soja.	4	Verser sur les légumes et laisser épaissir jusqu'à ébullition. Servir aussitôt.

BOK CHOY VAPEUR

⇝ POUR 4 PERSONNES ⇜ • PRÉPARATION : 5 MINUTES • CUISSON : 8 MINUTES ⇜

1 cuillerée à soupe de graines de sésame
3 bok choy
2 cuillerées à soupe de sauce d'huître
1 cuillerée à café d'huile de sésame

1 2
3 4

1	Faire griller à sec les graines de sésame pour qu'elles dorent légèrement.	2	Laver les bok choy avant de les couper en quatre dans la hauteur
3	Les mettre dans un panier en bambou et les faire cuire 3 à 5 minutes à la vapeur, au-dessus d'une casserole d'eau frémissante.	4	Napper de sauce d'huître et d'huile de sésame, saupoudrer de graines de sésame et servir aussitôt.

LES DESSERTS

LES FRUITS

Sorbet litchis-pastèque 75
Beignets de banane 76

LES RIZ AU LAIT

Riz noir gluant 77
Riz gluant 78

LES CRÈMES

Crème brûlée anis-cajou 79
Tarte gingembre-citron vert 80
Crème caramel au combava 81
Pudding au sagou 82
Panna cotta au thé vert 83

SORBET LITCHIS-PASTÈQUE

POUR 4 À 6 PERSONNES • PRÉPARATION : 20 MINUTES • CUISSON : 2 MINUTES • CONGÉLATION : 8 HEURES

575 g de litchis au sirop
500 g de pastèque sans les pépins et sans l'écorce

2 cuillerées à soupe de gingembre frais râpé
75 g de sucre en poudre
60 ml de jus de citron vert

1	Égoutter les litchis en réservant 250 ml de sirop.	2	Mixer les litchis avec la pastèque pour obtenir une purée épaisse.
3	Passer cette purée dans un tamis fin en la pressant avec le dos d'une cuillère pour récupérer le maximum de jus.	4	Mélanger le sirop réservé avec le sucre et le gingembre. Laisser bouillonner 10 minutes. Filtrer. Incorporer la pulpe des fruits et laisser refroidir. ➢

5. Verser le mélange dans un grand plat en métal et le mettre au congélateur. Laisser prendre pendant 2 heures (sur les bords, le sorbet doit ressembler un peu à de la neige), puis remuer avec une fourchette en partant du bord vers le milieu. Recommencer cette opération 1 à 2 heures plus tard pour aérer le sorbet, puis le laisser congeler complètement au moins 4 heures.

VARIANTE

Ce sorbet peut aussi se préparer avec de la mangue (à la place de la pastèque). On ajoutera de la menthe ciselée ou de l'eau de rose au moment de servir pour le parfumer.

75

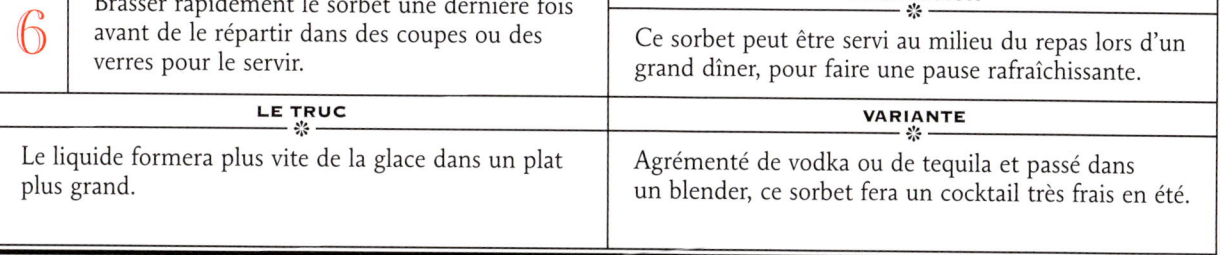

6	Brasser rapidement le sorbet une dernière fois avant de le répartir dans des coupes ou des verres pour le servir.	**SUGGESTION** Ce sorbet peut être servi au milieu du repas lors d'un grand dîner, pour faire une pause rafraîchissante.
	LE TRUC Le liquide formera plus vite de la glace dans un plat plus grand.	**VARIANTE** Agrémenté de vodka ou de tequila et passé dans un blender, ce sorbet fera un cocktail très frais en été.

BEIGNETS DE BANANE

POUR 4 PERSONNES • CUISSON : 15 MINUTES • PRÉPARATION : 15 MINUTES

250 g de farine
60 g de sucre en poudre + un supplément pour saupoudrer les beignets
1 œuf légèrement battu

4 bananes
500 ml d'huile d'arachide
de la crème glacée pour servir

1 2
3 4

1	Mélanger la farine et le sucre dans un saladier. Faire un puits au centre.	2	Battre les œufs avec 500 ml d'eau pétillante, verser dans le puits de farine et mélanger pour former une pâte sans grumeaux.
3	Peler les bananes et les couper en deux dans la longueur. Les recouper encore en deux, cette fois dans la largeur.	4	Plonger les bananes une à une dans la pâte. Les laisser égoutter un peu.

5	Faire chauffer l'huile dans un wok pour y faire frire les bananes. Les égoutter sur du papier absorbant.	**LE TRUC** ❋
		Choisir un grand wok pour faire frire les beignets et laisser chauffer l'huile assez longtemps.
VARIANTE ❋		**SUGGESTION** ❋
La pâte sera plus parfumée si on lui incorpore 1 cuillerée à café de cannelle et 1 de cardamome.		Pour apporter à cette recette une note asiatique plus prononcée, on peut ajouter des graines de sésame grillées dans la pâte.

6	Saupoudrer les beignets de sucre et les servir aussitôt avec de la crème glacée.	**VARIANTE**
		Cette recette se prépare aussi avec des pommes que l'on coupe en tranches épaisses.
LE TRUC		**SUGGESTION**
Choisir de préférence des bananes bien mûres et préparer les beignets juste avant de servir pour qu'ils restent bien croustillants.		Préparer une sauce au caramel et la verser sur la glace et les beignets au moment de servir.

RIZ NOIR GLUANT

 ➤ POUR 4 PERSONNES • TREMPAGE : 8 HEURES • PRÉPARATION : 10 MINUTES • CUISSON : 30 MINUTES ⬅

400 g de riz noir gluant
500 ml de lait de coco
60 g de sucre de palme râpé

POUR SERVIR
125 ml de crème de coco
2 mangues fraîches

1	Mettre le riz dans un récipient, le couvrir d'eau froide et le laisser tremper 8 heures.	2	Mettre le riz dans une casserole avec 1 litre d'eau froide. Après l'ébullition, baisser le feu et laisser frémir 20 minutes. Bien égoutter.
3	Faire dissoudre le sucre à feu doux dans le lait de coco. Ajouter le riz et le faire cuire encore 10 minutes.	4	Couvrir et laisser reposer. Le servir nappé de crème de coco, avec une demi-mangue par personne.

RIZ GLUANT

❋ **POUR 4 PERSONNES** • TREMPAGE : 8 HEURES • PRÉPARATION : 5 MINUTES • CUISSON 20 MINUTES ❋

400 g de riz blanc gluant
250 ml de lait de coco
60 g de sucre semoule
des fruits frais pour servir

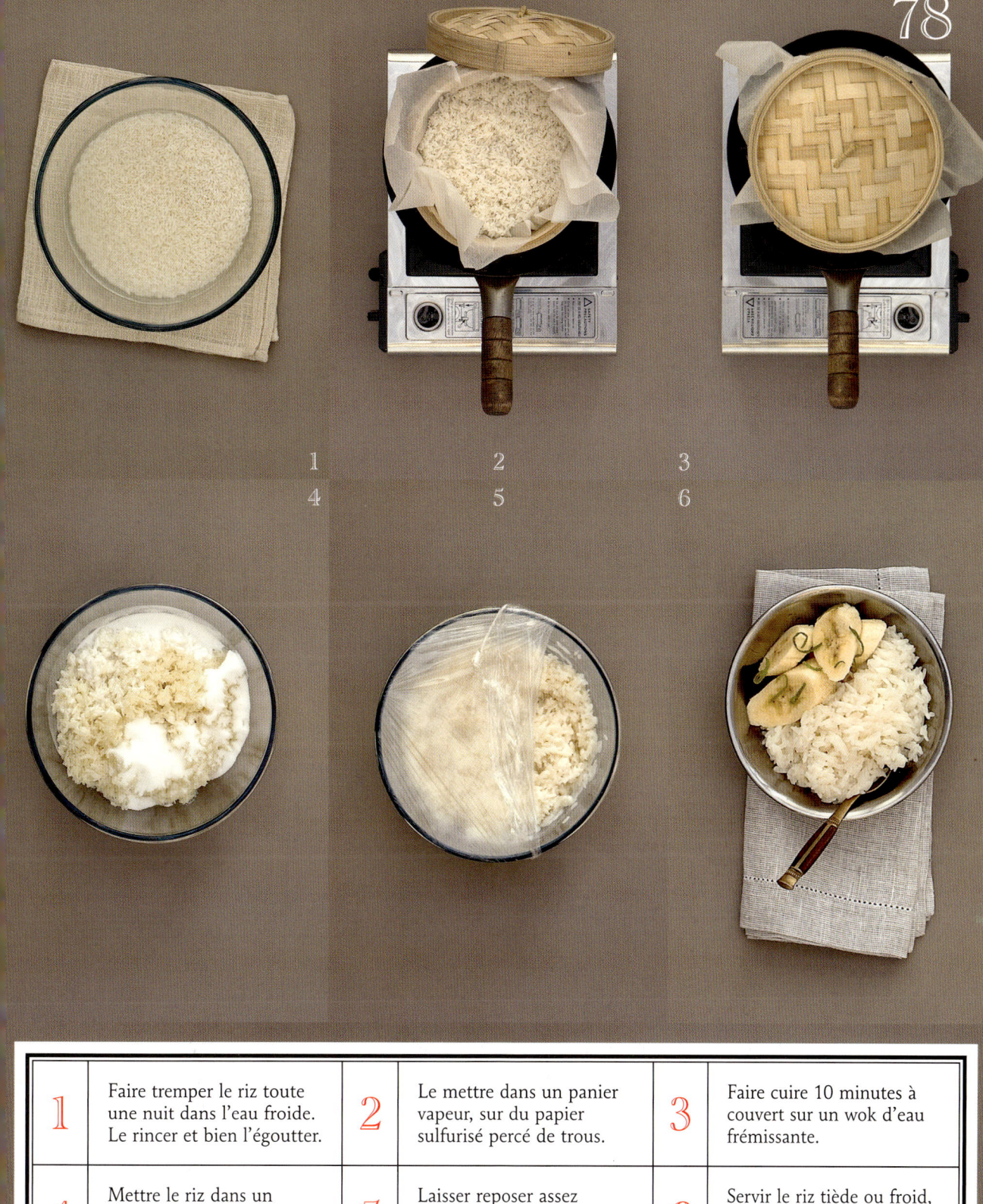

1	Faire tremper le riz toute une nuit dans l'eau froide. Le rincer et bien l'égoutter.	2	Le mettre dans un panier vapeur, sur du papier sulfurisé percé de trous.	3	Faire cuire 10 minutes à couvert sur un wok d'eau frémissante.
4	Mettre le riz dans un saladier et le mélanger avec le sucre et le lait de coco.	5	Laisser reposer assez longtemps pour que le riz absorbe le lait de coco.	6	Servir le riz tiède ou froid, avec des fruits frais.

CRÈME BRÛLÉE ANIS-CAJOU

❖ POUR 4 PERSONNES • PRÉPARATION : 25 MINUTES • CUISSON : 5 MINUTES • RÉFRIGÉRATION : 4 HEURES ❖

250 g de noix de cajou nature
500 ml de lait
750 ml de crème fraîche épaisse
3 étoiles d'anis écrasées

250 g de sucre en poudre
+ 60 g pour caraméliser les crèmes
6 jaunes d'œufs

1	Préchauffer le four à 160 °C (thermostat 5–6). Mixer les noix de cajou en pâte épaisse.	2	Les mettre dans une casserole avec le lait, la crème, l'anis et 185 g de sucre. Après l'ébullition, laisser infuser 10 minutes. Filtrer cette crème.
3	Battre les œufs avec 65 g de sucre. Le mélange doit devenir pâle et mousseux. Incorporer alors la crème anis-cajou.	4	Répartir la crème dans 6 ramequins de 250 ml que l'on met dans un bain-marie (un plat avec de l'eau chaude).

5

Faire cuire les crèmes 30 minutes au four. Les laisser refroidir à température ambiante puis les mettre 4 heures au réfrigérateur. Juste avant de servir, les saupoudrer du reste de sucre que l'on fait caraméliser avec un chalumeau de cuisine ou un fer à crème brûlée.

LE TRUC

À défaut de chalumeau, on peut passer les crèmes quelques minutes sous le gril du four pour les faire caraméliser.

6	Le dessus de la crème est doré mais l'intérieur reste froid. Servir aussitôt.

VARIANTE
❋

Cette crème est aussi très bonne préparée avec des amandes ou des pistaches.

LE TRUC
❋

On peut préparer cette crème dans un grand moule, en s'assurant que le plat du bain-marie est assez profond (l'eau doit arriver à mi-hauteur du moule). Penser aussi à augmenter le temps de cuisson (1 heure environ).

TARTE GINGEMBRE-CITRON VERT

POUR 6 À 8 PERSONNES • PRÉPARATION : 30 MINUTES • RÉFRIGÉRATION : 20 MINUTES • CUISSON : 1 H 15

250 g de farine
125 g de beurre en morceaux
2 cuillerées à soupe de sucre en poudre
1 œuf légèrement battu

GARNITURE
2 œufs + 3 jaunes d'œufs
125 g de sucre en poudre
185 ml de jus de citron vert

2 cuillerées à soupe de zeste de citron vert
100 ml de crème fraîche épaisse
2 cuillerées à soupe de gingembre confit
125 ml de marmelade citron vert-gingembre

1   2   3
4   5   6

1	Préchauffer le four à 180 °C (thermostat 6). Mélanger la farine et le beurre pour faire une sorte de chapelure.	2	Ajouter le sucre, l'œuf et 3 à 4 cuillerées à soupe d'eau froide pour obtenir une pâte homogène.	3	En garnir un moule à tarte de 24 cm de diamètre. Piquer la pâte et la mettre 20 minutes au réfrigérateur.
4	Cuire d'abord 20 minutes (avec des grains de riz) puis 10 minutes (sans rien).	5	Mélanger ensemble tous les ingrédients de la garniture, sauf la marmelade.	6	En garnir la pâte et faire cuire entre 35 et 45 minutes à 160 °C. ➤

7 Quand la tarte est assez froide, faire chauffer la marmelade à feu doux pour qu'elle devienne liquide.

VARIANTE
※

On peut aussi utiliser de la marmelade d'orange pour napper cette tarte.

LE TRUC
※

La cuisson à blanc (étape 4) permet de précuire la pâte. Garnir le fond de tarte de grains de riz ou de haricots secs (sur une feuille de papier sulfurisé) qui empêchent la pâte de gonfler et terminer par 10 minutes de cuisson sans rien pour bien sécher le fond de tarte. Réduire la température à 160 °C (thermostat 5-6) pour cuire la garniture (étape 6).

8	Napper la tarte de marmelade tiède. Laisser refroidir avant de servir.	**SUGGESTION**
		Cette tarte peut aussi se servir tiède. Elle est délicieuse avec de la crème fraîche. Une fois coupée, la conserver au réfrigérateur, dans une boîte hermétique.

VARIANTES

Pour souligner la saveur de cette tarte, on peut ajouter à la garniture 1 cuillerée à café de gingembre moulu.

CRÈME CARAMEL AU COMBAVA

POUR 4 PERSONNES • PRÉPARATION : 30 MINUTES • CUISSON : 50 MINUTES • RÉFRIGÉRATION : 4 HEURES

6 feuilles de combava
125 g de sucre semoule
250 ml de lait

250 ml de lait de coco
125 g de sucre en poudre
4 œufs légèrement battus

1 2
3 4

1	Préchauffer le four à 160 °C (thermostat 5-6). Ciseler très finement les feuilles de combava.	2	Faire fondre le sucre semoule à feu doux dans une casserole. Augmenter le feu et le laisser caraméliser. Le répartir dans 4 ramequins.
3	Faire chauffer le lait, le lait de coco et les feuilles de combava jusqu'au point d'ébullition. Laisser alors infuser hors du feu. Filtrer.	4	Battre le sucre en poudre et les œufs dans un saladier. ➤

5 Incorporer le lait et répartir ce mélange dans les ramequins. Mettre ces derniers dans un grand plat, verser de l'eau jusqu'à mi-hauteur et enfourner. Faire cuire 40 minutes.

LE TRUC

Ce dessert doit se préparer suffisamment à l'avance pour avoir le temps de refroidir (au moins 4 heures, mais une nuit entière c'est mieux), ce qui permettra de le démouler facilement.

6	Faire refroidir au moins 4 heures. Pour servir, démouler les crèmes sur des assiettes à dessert.	**LE TRUC**
		Utiliser pour cette recette des ramequins de 250 ml supportant des températures élevées.
LE TRUC		**VARIANTE**
Pour mettre plus en valeur la saveur du combava, on remplacera le lait de coco par du lait de vache.		On peut utiliser un grand moule pour cette recette. Penser alors à augmenter le temps de cuisson (1 heure environ).

PUDDING AU SAGOU

POUR 4 PERSONNES • PRÉPARATION : 5 MINUTES • CUISSON : 20 MINUTES • REPOS : 30 MINUTES

95 g de sagou perlé
500 ml d'eau froide
400 ml de crème de coco
60 g de sucre de palme râpé

1 2
3 4

1	Dans une casserole, verser l'eau sur le sagou et porter à ébullition. Laisser cuire ensuite 10 minutes à feu vif.	2	Retirer du feu, couvrir et laisser reposer 30 minutes. Le sagou va épaissir et devenir translucide.
3	Incorporer alors la crème de coco et le sucre de palme.	4	Faire épaissir 10 minutes à feu moyen en remuant sans cesse. Servir aussitôt.

PANNA COTTA AU THÉ VERT

POUR 6 PERSONNES • PRÉPARATION : 25 MINUTES • CUISSON : 5 MINUTES • REPOS : 4 HEURES

1 cuillerée à soupe de thé vert japonais en poudre
250 ml de lait
500 ml de crème fraîche épaisse

125 g de sucre en poudre
1½ cuillerée à soupe de gélatine en poudre
de l'huile végétale pour les ramequins

1	Fouetter le thé dans un peu de lait pour le délayer. Verser ensuite progressivement le reste du lait.	2	Ajouter le sucre et porter le mélange à ébullition. Retirer du feu et laisser tiédir un peu.	3	Délayer la gélatine dans un peu d'eau chaude et la verser sur le lait tiède. Bien mélanger.
4	Huiler légèrement le fond et les côtés de 6 ramequins de 125 ml.	5	Verser la crème dans les ramequins et laisser prendre 4 heures au frais.	6	Passer un torchon humide sur les parois des ramequins pour démouler les crèmes.

ANNEXES

GLOSSAIRE

MENUS

TABLE DES MATIÈRES

INDEX DES RECETTES

INDEX PLUS DÉTAILLÉ

REMERCIEMENTS

GLOSSAIRE

ANIS ÉTOILÉ
Aussi appelé « badiane », c'est une gousse sèche en forme d'étoile, dont les graines libèrent un arôme et une saveur d'anis.

BAMBOU (POUSSES DE)
Jeunes plants de bambou vendus le plus souvent en conserve. Les pousses entières, également vendues en boîte, ont plus de goût que les pousses émincées. Les rincer et les égoutter avant de les utiliser.

BASILIC THAÏ (HORAPA)
Cette variété présente des tiges teintées de pourpre et une saveur anisée assez marquée.

BONITE (FLOCONS DE)
Ils sont obtenus à partir de bonite (petit thon) cuite. Les morceaux sont séchés puis réduits en copeaux très fins avec lesquels on prépare le dashi (bouillon japonais) ou que l'on saupoudre sur les soupes avant de servir.

CHAMPIGNONS SÉCHÉS
Les plus courants sont les shiitake, qui ont un goût très parfumé. Pour les réhydrater, il faut les faire tremper 20 minutes dans un peu d'eau tiède. On pourra utiliser leur eau de trempage pour parfumer un bouillon ou une sauce.

CHAPELURE JAPONAISE
Vendue dans les magasins asiatiques, elle a une texture plus légère que la chapelure ordinaire. À défaut, on utilisera du pain de mie rassis écrasé en fines miettes.

CHÂTAIGNES D'EAU
Ces petits bulbes blancs dont la forme rappelle celle des marrons ont une chair ferme au goût frais de noix. Elles se gardent un mois au réfrigérateur une fois la boîte ouverte.

CINQ-ÉPICES
C'est un mélange aromatique d'épices moulues : cannelle, clous de girofle, anis étoilé, fenouil et poivre du Sichuan. On y ajoute parfois du gingembre, de la cardamome ou de la coriandre.

CITRONNELLE
Cette plante qui ressemble à une herbe est très courante dans la cuisine thaïe et vietnamienne. Supprimer les feuilles vertes et ne garder que le blanc. Émincé ou écrasé, il parfume les currys, les plats sautés ou les marinades.

COMBAVA
Variété d'agrume que l'on désigne aussi sous le nom de « kaffir ». Le fruit possède une écorce irrégulière d'un vert profond et il est plus acide et plus parfumé que le citron jaune. Ses feuilles sont très utilisées dans la cuisine thaïe et indonésienne, pour parfumer les soupes et currys.

CORIANDRE
Cette herbe est un aromate important de la cuisine thaïe et chinoise. On utilise les feuilles fraîches, que l'on ajoute au dernier moment pour éviter qu'elles ne perdent leur saveur à la cuisson. Les racines sont aussi employées pour les pâtes de curry.

CRÈME DE MAÏS
Il s'agit de maïs mixé, vendu en conserve dans les épiceries asiatiques ou dans les rayons cuisine du monde des grandes surfaces.

CRÊPES CHINOISES
À base de farine et d'eau, elles sont vendues au rayon frais des épiceries asiatiques. On peut aussi trouver des crêpes aux oignons verts, l'accompagnement idéal du canard à la pékinoise.

CREVETTES SÉCHÉES
Ces petites crevettes entrent dans la composition de nombreux plats asiatiques. On peut les faire revenir dans l'huile pour libérer leur arôme ou les ajouter directement dans un plat.

CURRY JAPONAIS
Il s'agit d'une pâte vendue en cubes ou en boîte, plus ou moins forte selon les préparations. Le curry japonais est surtout cuisiné avec des pommes de terre.

DASHI
Ingrédient de base de la cuisine japonaise, il s'agit d'un bouillon préparé avec de la bonite et du konbu (algue). On peut l'acheter en poudre instantanée à diluer dans de l'eau bouillante (15 g de dashi pour 1 litre d'eau).

ÉCHALOTES D'ASIE
Elles sont plus petites que nos échalotes locales.

On les trouve regroupées en petites grappes qui rappellent les gousses d'ail. On peut les remplacer par des oignons rouges. Dans les épiceries asiatiques, on trouve des échalotes frites en bocal, pour parfumer soupes et salades.

GALANGA
Cousin du gingembre mais avec une saveur plus amère. De couleur crème quand il est jeune, il est parfait pour aromatiser les soupes. Plus vieux, ses tiges brunissent et il est idéal pour parfumer les currys.

GALETTES DE RIZ
Elles sont vendues congelées ou séchées (les faire alors ramollir dans un peu d'eau chaude) et servent à préparer nems et rouleaux de printemps.

GINGEMBRE
Ce rhizome noueux et épais, au goût fort et piquant, provient d'une plante tropicale. Le peler et le râper ou le détailler en fins bâtonnets. Il parfume soupes, currys ou plats sautés. Le gingembre mariné (dans du vinaigre) est un condiment très utilisé au Japon, entre autres pour accompagner sushi et sashimi.

HARICOTS NOIRS SALÉS
Il s'agit de haricots de soja très salés, vendus en boîte ou en bocal. Il faut bien les rincer avant de les utiliser et ne pas trop saler la recette. Ils se conservent six mois au réfrigérateur, dans une boîte fermée.

KAFFIR
Voir « Combava ».

KECAP MANIS
Sauce de soja épaisse et sucrée très utilisé dans la cuisine indonésienne. Certaines recettes sont plus sucrées, d'autres plus salées.

LAIT OU CRÈME DE COCO
La crème est la partie épaisse du lait de coco qui se forme généralement à la surface des boîtes. Ne pas secouer la boîte pour prélever la crème avec une cuillère. On en trouve aussi dans le commerce, conditionnée en petites briques.

MAYONNAISE JAPONAISE
Cette mayonnaise épaisse est très prisée par les Japonais comme condiment pour les sushi. Elle est vendue en bocaux dans les épiceries asiatiques et son goût est plus relevé que celui de notre mayonnaise.

MENTHE VIETNAMIENNE (LAKSA)
Elle a des feuilles en pointe et une saveur de menthe très prononcée. On peut la remplacer par de la menthe ordinaire.

MIRIN
Ce vin de riz japonais au goût sucré est utilisé surtout en cuisine. Il apporte une note douce aux marinades et aux sauces et caramélise légèrement les grillades japonaises. On peut le remplacer par du saké auquel on ajoute un peu de sucre (1 cuillerée à café de sucre pour 1 cuillerée à soupe de saké).

MISO
Pâte fermentée à base de soja et de riz ou d'orge très employée dans la cuisine japonaise. Plus elle est claire et plus son goût est doux. Les pâtes foncées se consomment plutôt en hiver alors que les pâtes claires sont surtout servies en été.

NORI
Algues frites puis compressées en feuilles que les Japonais utilisent pour faire les sushi.

NOUILLES HOKKIEN
Ces nouilles de blé fraîches, qui ne requièrent pas de prétrempage, ressemblent à de gros spaghettis.

NOUILLES SOBA
D'une couleur gris-brun, ces nouilles japonaises à la texture ferme sont préparées avec de la farine de sarrasin. On compte 100 g par personne.

NOUILLES UDON
Ces nouilles japonaises assez épaisses sont vendues sèches dans les épiceries asiatiques. On peut les utiliser dans les soupes et les salades, ou les faire sauter.

NOUILLES DE RIZ
D'un blanc pur, les nouilles de riz fraîches sont vendues en feuilles (à découper) ou en rubans de largeurs diverses. Il faut les assouplir dans de l'eau bouillante. On trouve aussi des nouilles de riz sèches, vendues en sachets dans les épiceries asiatiques.

NUOC-MÂM
Voir « sauce de poisson »

PÂTE À GYOSA
Préparées avec de l'eau et de la farine, ces fines galettes tirent leur nom de bouchées japonaises au porc. On les trouve au rayon frais des épiceries asiatiques. La pâte est plus blanche et plus épaisse que celle des wontons (raviolis chinois) mais on peut utiliser cette dernière à défaut de pâte à gyosa.

PÂTE À WONTONS
En feuilles rondes ou carrés, la pâte à wontons est utilisée pour les raviolis chinois, qui peuvent ensuite être frits ou cuits à la vapeur. La pâte jaune est préparée avec des œufs. Elle est vendue au rayon frais des épiceries asiatiques mais on en trouve parfois en grande surface.

PÂTE DE CREVETTES
Elle a un goût très prononcé. On peut la faire revenir dans l'huile ou la faire rôtir dans une feuille d'aluminium pour développer ses arômes. Elle se garde des mois au réfrigérateur, dans une boîte fermée.

PÂTE DE CURRY ROUGE
Elle se prépare avec des piments rouges séchés et des échalotes. Moins forte que la pâte de curry verte, il faut cependant la goûter pour ajuster la quantité selon sa puissance.

PIMENTS ROUGES
Les petits piments, ou piments oiseaux, sont les plus forts ; on les utilisera donc avec précaution. Leur force est dans la graine et la membrane. Pour un plat très épicé, on les utilise hachés. On peut les laisser entiers sans les ouvrir pour un plat peu relevé. Les grands piments rouges sont surtout utilisés pour leur aspect car ils sont moins forts que les piments oiseaux. On peut en garnir une salade, une soupe ou un curry après avoir retiré pépins et membranes.

PIMENTS VERTS
Les piments oiseaux verts sont plus doux que les rouges et on les utilise le plus souvent pour préparer la pâte de piment verte. Ils sont également moins forts que les grands piments verts.

RIZ À SUSHI
On utilise un riz à grains ronds, riche en amidon et qui devient gluant en refroidissant. Il faut le rincer à l'eau claire avant de le faire cuire.

RIZ GLUANT
Consommé dans le nord de la Thaïlande, il est servi en accompagnement de la salade de papaye verte. Il peut être proposé sucré ou salé. Il faut le laisser tremper toute une nuit dans de l'eau froide avant de le cuisiner.

RIZ GLUANT NOIR
Il entre uniquement dans la confection des desserts. Comme le riz gluant blanc, il faut le laisser tremper toute une nuit avant de le faire cuire.

RIZ JASMIN
C'est un riz long délicatement parfumé, très employé dans la cuisine thaïe. Son goût est vraiment différent du riz basmati. On le fait cuire à la vapeur et il accompagne la plupart des recettes. Il faut le rincer avant de le faire cuire.

SAGOU
Farine extraite du tronc du sagoutier, une variété de palmier très répandue en Indonésie. Elle peut être vendue sous forme de petites perles (comme le tapioca) et elle est souvent préparée en dessert, cuite dans de l'eau ou du lait de coco.

SAKÉ
Alcool de riz japonais servi en boisson ou utilisé en cuisine. Il adoucit la saveur salée des préparations et leur apporte une note parfumée.

SAUCE AU PIMENT DOUCE
Sauce peu piquante composée de piments rouges, de sucre, d'ail et de vinaigre de vin blanc.

SAUCE AUX PRUNES
Assez épaisse, cette sauce est préparée avec des prunes bouillies, du sucre et des épices. Sa saveur aigre-douce se marie bien avec le porc et le canard. Elle est vendue en grande surface et dans toutes les épiceries asiatiques.

SAUCE D'HUÎTRE
Sauce épaisse à base d'huîtres, de sel et de sauce de soja. Pour les plats végétariens, on peut la remplacer par une sauce préparée avec des champignons.

SAUCE DE POISSON
On l'appelle nam-pla en Thaïlande et nuoc-mâm au Vietnâm. C'est un liquide brun à l'odeur puissante, employé pour rehausser la saveur des plats. Elle est composée de poissons séchés et fermentés. Elle est plus ou moins salée selon les recettes ; il convient donc de la goûter avant d'en assaisonner un plat.

SAUCE DE SOJA
Préparée avec des haricots de soja fermentés, c'est un ingrédient de base de la cuisine chinoise. On trouve de la sauce de soja claire, qui s'utilise surtout avec le poulet, le poisson et les mets délicats, et de la sauce brune, plus épaisse et dont la saveur prononcée se marie bien avec les marinades ou les plats riches. Les sauces qui portent la mention « light » ont une teneur moins élevée en sel que les sauces classiques.

SAUCE HOISIN
Sauce chinoise épaisse, sucrée et aromatique, composée de pâte de germes de soja salés fermentés, d'oignon et d'ail. On la sert avec du canard laqué ou pour tremper des bouchées vapeur mais elle est aussi très utile pour parfumer les marinades.

SAUCISSE CHINOISE
Ou lap cheong. Préparée avec de la viande de porc asiatique, à la chair très maigre, cette saucisse séchée se fait généralement précuire à la vapeur. On la retrouve dans les riz sautés et dans des plats de viande en sauce.

SUCRE DE PALME
On le fabrique à partir de la sève extraite du tronc du palmier à sucre ou du cocotier. Il est vendu en bocal ou en blocs denses que l'on râpe. Le sucre de palme blond est plus doux que le roux. À défaut, on le remplacera par du sucre de canne roux.

TAMARIN
La pulpe est vendue sous la forme d'un bloc compact qui contient la pulpe et les graines du fruit. On le fait gonfler dans l'eau bouillante avant de la presser pour éliminer les graines. On trouve aussi du concentré de tamarin prêt à l'emploi.

THÉ VERT EN POUDRE
Caractéristique de la cérémonie du thé japonaise, il se présente sous la forme d'une poudre très fine (comme de la farine). On peut en parfumer des desserts, mais il convient d'en mettre très peu car c'est un produit coûteux. On le délaye d'abord dans un peu de lait ou d'eau avant de l'utiliser.

TOFU
C'est une pâte blanche issue du caillage du lait de soja. Le tofu ferme a une texture granuleuse qui rappelle la feta ; il est vendu en bloc (rayon frais des grandes surfaces) et peut s'accommoder de différentes façons : en cubes ou écrasé, frit ou frais avec des aromates, etc. Le tofu soyeux a la consistance d'un yaourt épais et peut s'utiliser pour les soupes ou les sauces.

VERMICELLES DE SOJA
Également appelés nouilles cellophane, ces longs filaments transparents sont composés d'amidon de soja. Il faut les faire tremper dans de l'eau chaude avant de s'en servir, sauf pour les faire frire.

VIN DE RIZ
C'est un vin jaune qui fait entre 14° et 19°, qui a vieilli 10 ans et dont le goût rappelle un peu le porto blanc ou le xérès. On le trouve facilement dans les épiceries asiatiques. Il parfume de nombreuses recettes mais on peut aussi le servir à table ; dans ce cas, on le fait généralement tiédir un peu.

VINAIGRE DE RIZ
En vente dans les épiceries asiatiques, il peut être blanc, noir ou rouge selon la variété de riz utilisé. Il est obtenu par fermentation du riz ou du vin de riz. Le vinaigre noir a un petit goût sucré et s'utilise dans les plats braisés. Le vinaigre rouge s'utilise souvent pour tremper des bouchées vapeur. Le vinaigre blanc est très doux ; on peut le remplacer par un mélange d'eau et de vinaigre de cidre (à quantités égales) mais le résultat ne sera pas tout à fait aussi bon.

WAKAME
Algue japonaise séchée très parfumée. On la fait gonfler dans l'eau pour la servir en salade ou dans les soupes.

WASABI
Condiment japonais très relevé obtenu à partir de la racine du raifort. Il est vendu en tube ou en poudre à réhydrater pour former une pâte épaisse.

MENUS

JAPONAIS

1
- Soupe de miso 07
- Edamame 12
- Gyosa 13
- Maki sushi 14
- Sashimi 17

2
- Yaki soba 22
- Salade de bœuf au sésame 25
- Porc tonkatsu 29
- Curry de bœuf à la japonaise 32

3
- Poulet sauté aux épices 33
- Poulet teriyaki 43
- Poulet yakitori 45
- Poulet aux nouilles ramen 34

4
- Poisson au miso 58
- Chirashi sushi 61
- Temaki sushi 62

5
- Tofu agedashi 63
- Tempura de légumes 64
- Salade épinards-haricots 72

6
- Tarte gingembre-citron vert 80
- Panna cotta au thé vert 83

CHINOIS

1
- Soupe au poulet et au maïs 06
- Dim sum 11
- Toasts aux crevettes 16

2
- Sung choi bau 20
- Porc char sui 24

3
- Poulet aux noix de cajou 42
- Canard à la pékinoise 46
- Ailes de poulet marinées 47
- Canard en croûte d'épices 48

4
- Huîtres à la chinoise 51
- Poisson au gingembre 55
- Saint-Jacques aux mangetouts 56
- Riz sauté aux crevettes 60

5
- Omelette chinoise 67
- Tofu vapeur au gingembre 70
- Légumes sautés au wok 73
- Bok choy vapeur 74

6
- Sorbet litchis-pastèque 75
- Crème brûlée anis-cajou 79
- Pudding au sagou 82

VIETNAMIEN

1	Soupe pho ..... 08 Rouleaux de printemps ..... 09 Nems 10	2	Bœuf sauté ..... 23 Bun cha ..... 26 Bo bun 28
3	Curry de poulet vietnamien ..... 39 Salade vietnamienne 44	4	Calamars sel-poivre ..... 53 Marmite au saumon 57
5	Légumes marinés 69	6	Riz noir gluant 77

THAÏ

1	Tom yum goong ..... 04 Tom kai gai ..... 05 Galettes de poisson 15	2	Larb de porc ..... 19 Bœuf aux haricots noirs ..... 21 Curry de bœuf masaman 30
3	Pad thaï ..... 35 Curry de canard à l'ananas ..... 36 Curry vert de poulet ..... 38 Poulet sauté au basilic ..... 40 Poulet à la citronnelle 41	4	Calamars au piment doux ..... 50 Moules à la citronnelle ..... 52 Calamars sel-poivre ..... 53 Curry de fruits de mer 54
5	Curry vert de légumes ..... 65 Tofu vapeur au gingembre 70	6	Riz noir gluant ..... 77 Riz gluant ..... 78 Crème caramel au combava 81

INDONÉSIEN

1	Poulet satay 18	2	Porc à l'indonésienne ..... 27 Curry de bœuf rendang 31
3	Nasi goreng 49	4	Nouilles aux fruits de mer 59
5	Curry de potiron ..... 66 Gado gado ..... 68 Nouilles aux légumes 71	6	Beignets de banane ..... 76 Riz noir gluant 77

TABLE DES MATIÈRES

1 LES ENTRÉES

LES SOUPES
Tom yum goong 04
Tom kai gai 05
Soupe au poulet et au maïs 06
Soupe de miso 07
Soupe pho 08

AVEC LES DOIGTS
Rouleaux de printemps 09
Nems 10
Dim sum 11
Edamame 12
Gyosa 13
Maki sushi 14

LES HORS-D'ŒUVRE
Galettes de poisson 15
Toasts aux crevettes 16
Sashimi 17
Poulet satay 18

2 LES VIANDES

LES VIANDES SAUTÉES
Larb de porc 19
Sung choi bau 20
Bœuf aux haricots noirs 21
Yaki soba 22
Bœuf sauté 23

LES VIANDES GRILLÉES
Porc char sui 24
Salade de bœuf au sésame 25
Bun cha 26

LES CLASSIQUES
Porc à l'indonésienne 27
Bo bun 28
Porc tonkatsu 29

LES CURRYS
Curry de bœuf masaman 30
Curry de bœuf rendang 31
Curry de bœuf à la japonaise 32

3
LES VOLAILLES

LE POULET AUX NOUILLES
Poulet sauté aux épices 33
Poulet aux nouilles ramen 34
Pad thaï 35

LES CURRYS
Curry de canard à l'ananas 36
Pâte de curry verte 37
Curry vert de poulet 38
Curry de poulet vietnamien 39

LES SAUTÉS
Poulet sauté au basilic 40
Poulet à la citronnelle 41
Poulet aux noix de cajou 42

LES CLASSIQUES
Poulet teriyaki 43
Salade vietnamienne 44
Poulet yakitori 45
Canard à la pékinoise 46
Ailes de poulet marinées 47
Canard en croûte d'épices 48
Nasi goreng 49

4
LES PRODUITS DE LA MER

VITE PRÊTS
Calamars au piment doux 50
Huîtres à la chinoise 51
Moules à la citronnelle 52
Calamars sel-poivre 53

TOUT SIMPLES
Curry de fruits de mer 54
Poisson au gingembre 55
Saint-Jacques aux mangetouts 56
Marmite au saumon 57
Poisson au miso 58

AU RIZ OU AUX NOUILLES
Nouilles aux fruits de mer 59
Riz sauté aux crevettes 60

LES SUSHI
Chirashi sushi 61
Temaki sushi 62

5
LES LÉGUMES

LES FRITURES
Tofu agedashi 63
Tempura de légumes 64

LES CURRYS
Curry vert de légumes.................................... 65
Curry de potiron 66

AVEC DES ŒUFS
Omelette chinoise 67
Gado gado... 68

EN ACCOMPAGNEMENT
Légumes marinés 69
Tofu vapeur au gingembre 70
Nouilles aux légumes 71
Salade épinards-haricots 72
Légumes sautés au wok 73
Bok choy vapeur 74

6
LES DESSERTS

LES FRUITS
Sorbet litchis-pastèque 75
Beignets de banane 76

LES RIZ AU LAIT
Riz noir gluant... 77
Riz gluant 78

LES CRÈMES
Crème brûlée anis-cajou 79
Tarte gingembre-citron vert.......................... 80
Crème caramel au combava 81
Pudding au sagou... 82
Panna cotta au thé vert................................. 83

INDEX DES RECETTES

A
Ailes de poulet marinées 47
B
Beignets de banane 76
Bo bun 28
Bœuf aux haricots noirs 21
Bœuf sauté 23
Bok choy vapeur 74
Bun cha 26
C
Calamars au piment doux 50
Calamars sel-poivre 53
Canard à la pékinoise 46
Canard en croûte d'épices 48
Chirashi sushi 61
Crème brûlée anis-cajou 79
Crème caramel au combava 81
Curry de bœuf à la japonaise 32
Curry de bœuf masaman 30
Curry de bœuf rendang 31
Curry de canard à l'ananas 36
Curry de fruits de mer 54
Curry de potiron 66
Curry de poulet vietnamien 39
Curry vert de légumes 65
Curry vert de poulet 38
D
Dim sum 11
E
Edamame (fèves de soja) 12
G
Gado gado 68
Galettes de poisson 15
Gyoza 13
H
Huîtres à la chinoise 51
L
Larb de porc 19
Légumes marinés 69
Légumes sautés au wok 73
M
Maki sushi 14
Marmite au saumon 57
Moules à la citronnelle 52
N
Nasi goreng 49
Nems 10
Nouilles aux fruits de mer 59
Nouilles aux légumes 71

O
Omelette chinoise 67
P
Pad thaï 35
Panna cotta au thé vert 83
Pâte de curry verte 37
Poisson au gingembre 55
Poisson au miso 58
Porc à l'indonésienne 27
Porc char sui 24
Porc tonkatsu 29
Poulet à la citronnelle 41
Poulet aux noix de cajou 42
Poulet aux nouilles ramen 34
Poulet satay 18
Poulet sauté au basilic 40
Poulet sauté aux épices 33
Poulet teriyaki 43
Poulet yakitori 45
Pudding au sagou 82
R
Riz gluant 78
Riz noir gluant 77
Riz sauté aux crevettes 60
Rouleaux de printemps 09
S
Saint-Jacques aux mangetouts 56
Salade de bœuf au sésame 25
Salade épinards-haricots 72
Salade vietnamienne 44
Sashimi 17
Sorbet litchis-pastèque 75
Soupe au poulet et au maïs 06
Soupe de miso 07
Soupe pho 08
Sung choi bau 20
T
Tarte gingembre-citron vert 80
Temaki sushi 62
Tempura de légumes 64
Toasts aux crevettes 16
Tofu agedashi 63
Tofu vapeur au gingembre 70
Tom kai gai 05
Tom yum goong 04
Y
Yaki soba 22

INDEX PLUS DÉTAILLÉ

ALGUES
Chirashi sushi 61
Maki sushi 14
Salade épinards-haricots 72
Soupe au miso 07
Temaki sushi 62

ANANAS
Curry de canard à l'ananas 36

ANIS
Crème brûlée anis-cajou 79

ASPERGES
Légumes sautés au wok 73

AUBERGINES
Curry vert de poulet 38

AVOCAT
Maki sushi 14
Temaki sushi 62

BAMBOU (POUSSES DE)
Curry de fruits de mer 54

BANANES
Beignets de bananes 76

BOK CHOY
Bok choy vapeur 74
Nouilles aux fruits de mer 59
Omelette chinoise 67
Poulet sauté aux épices 33
Poulet aux nouilles ramen 34

BŒUF
Bo bun 28
Bœuf aux haricots noirs 21
Bœuf sauté 23
Curry de bœuf à la japonaise 32
Curry de bœuf masaman 30
Curry de bœuf rendang 31
Salade de bœuf au sésame 25
Soupe pho 08

BROCOLIS
Légumes sautés au wok 73
Nouilles aux légumes 71

CACAHUÈTES
Bo bun 28
Gado gado 68
Pad thaï 35
Poulet satay 18

CALAMARS
Calamars au piment doux 50
Calamars sel-poivre 53
Nouilles aux fruits de mer 59

CANARD
Canard en croûte d'épices 48
Canard à la pékinoise 46
Curry de canard à l'ananas 36

CARAMEL
Crème brûlée anis-cajou 79
Crème caramel au combava 81

CAROTTES
Curry de bœuf à la japonaise 32
Gado gado 68
Nems 10
Nouilles aux légumes 71
Salade vietnamienne 44

CHAMPIGNONS
Curry vert de légumes 65
Omelette chinoise 67
Moules à la citronnelle 52
Poisson au miso 58
Poulet sauté aux épices 33
Sung choi bau 20
Tempura de légumes 64
Tom yum goong 04

CHÂTAIGNE D'EAU
Sung choi bau 20

CHOU
Gado gado 68
Porc tonkatsu 29

CHOU CHINOIS
Gyosa 13
Légumes sautés au wok 73
Salade vietnamienne 44
Yaki soba 22

CITRON
Crème caramel au combava 81
Tarte gingembre-citron vert 80

CITRONNELLE
Curry de bœuf rendang 31
Moules à la citronnelle 52
Poulet à la citronnelle 41

CONCOMBRE
Bo bun 28
Calamars au piment doux 50
Canard à la pékinoise 46
Chirashi sushi 61
Légumes marinés 69
Nasi goreng 49
Temaki sushi 62

COURGETTES
Curry vert de légumes 65
Nouilles aux légumes 71

CRÈMES
Crème brûlée anis-cajou 79
Crème caramel au combava 81
Panna cotta au thé vert 83

CRÈME DE COCO
Curry de canard à l'ananas 36
Pudding au sagou 82
Riz noir gluant 77

CRÊPES CHINOISES
Canard à la pékinoise 46

CREVETTES
Curry de fruits de mer 54
Nasi goreng 49
Nouilles aux fruits de mer 59
Riz sauté aux crevettes 60
Rouleaux de printemps 09
Toasts aux crevettes 16
Tom yum goong 04
Yaki soba 22

CURRYS
Curry de canard à l'ananas 36
Curry vert de poulet 38
Curry vert de légumes 65
Curry de bœuf à la japonaise 32
Curry de bœuf masaman 30
Curry de bœuf rendang 31
Curry de fruits de mer 54

Curry de potiron 66
Curry de poule vietnamien 39
Pâte de curry verte 37

DAÏKON (RADIS BLANC)
Légumes marinés 69
Sashimi 17

ÉPINARDS
Curry de potiron 66
Salade épinards-haricots 72

FÈVES DE SOJA
Edamame 28

GALANGA
Curry de poulet vietnamien 39
Pâte de curry vert 37
Tom kai gai 05

GALETTES DE RIZ
Nems 10

GERMES DE SOJA
Bo bun 28
Bun cha 26
Calamars au piment doux 50
Gado gado 68
Légumes marinés 69
Omelette chinoise 67
Pad thaï 35
Poulet sauté aux épices 33
Soupe pho 08

GINGEMBRE
Chirashi sushi 61
Poisson au gingembre 55
Tarte gingembre-citron vert 80
Tofu vapeur au gingembre 70

HARICOTS VERTS
Curry de fruits de mer 54
Galettes de poisson 15
Salade épinards-haricots 72
Tempura de légumes 64

HUÎTRES
Huîtres à la chinoise 51

LAIT
Crème brûlée anis-cajou 79
Panna cotta au thé vert 83
Crème caramel au combava 81

LAIT DE COCO
Crème caramel au combava 81
Curry de bœuf masamam 30
Curry de bœuf rendang 31
Curry de canard à l'ananas 36
Curry de fruits de mer 54
Curry de potiron 66
Curry de poulet vietnamien 39
Curry vert de poulet 38
Curry vert de légumes 65
Poulet satay 18
Riz gluant 78
Riz noir gluant 77
Tom kai gai 05

LÉGUMES
Curry vert de légumes 65
Gado gado 68
Légumes marinés 69
Légumes sautés 73
Nouilles aux légumes 71
Omelette chinoise 67

Salade épinards-haricots 72
Tempura de légumes 64

LITCHIS
Sorbet litchis-pastèque 75

MAÏS
Curry vert de légumes 65
Soupe au poulet et au maïs 06

MISO
Poisson au miso 58
Soupe au miso 7

NOIX DE CAJOU
Crème brûlée anis-cajou 79
Poulet aux noix de cajou 42

NOIX DE SAINT-JACQUES
Curry aux fruits de mer 54
Sashimi 17
Saint-Jacques et mangetouts 56
Nouilles aux fruits de mer 59

NORI
Maki sushi 14
Chirashi sushi 61
Temaki sushi 62

NOUILLES
Bo bun 28
Bun cha 26
Nems 10
Nouilles aux fruits de mer 59
Nouilles aux légumes 71
Pad thaï 35
Poulet aux nouilles ramen 34
Poulet sauté aux épices 33
Poisson au miso 58
Rouleaux de printemps 09
Soupe pho 08
Yaki soba 22

ŒUFS
Gado gado 68
Nasi goreng 49
Omelette chinoise 67
Soupe au poulet et au maïs 06

PATATE DOUCE
Tempura de légumes 64

PASTÈQUE
Sorbet litchis-pastèque 75

PIMENTS
Huîtres à la chinoise 51
Curry de bœuf rendang 31
Moules à la citronnelle 52
Pâte de curry verte 37
Poulet à la citronnelle 41
Poulet aux nouilles ramen 34
Poulet sauté au basilic 40
Tofu vapeur au gingembre 70
Tom yum goong 04

POIS GOURMANDS (MANGETOUT)
Poulet aux noix de cajou 42
Nouilles aux légumes 71
Saint-Jacques et mangetout 56
Légumes sautés au wok 73

POISSON
Chirashi sushi 61
Curry de fruits de mer 54
Galettes de poisson 15

Marmite au saumon 57
Poisson au gingembre 55
Poisson au miso 58
Sashimi 17
Temaki sushi 62

POIVRONS
Bœuf aux haricots noirs 21
Curry de canard à l'ananas 36
Curry vert de légumes 65
Nouilles aux fruits de mer 59
Nouilles aux légumes 71
Poulet sauté au basilic 33
Poulet sauté aux épices 33
Tempura de légumes 64
Yaki soba 22

POMMES DE TERRE
Curry de bœuf à la japonaise 32
Curry de bœuf masaman 30
Curry de poulet vietnamien 39

PORC
Bun cha 26
Dim sum 11
Gyoza 13
Larb de porc 19
Nems 10
Porc char sui 24
Porc à l'indonésienne 27
Porc tonkatsu 29
Sung choi bau 20
Yaki soba 22

POTIRON
Curry de potiron 66

POULET
Ailes de poulet marinées 47
Curry de poulet vietnamien 39
Curry vert de poulet 38
Nasi goreng 49
Pad thaï 35
Poulet à la citronnelle 41
Poulet aux noix de cajou 42
Poulet aux nouilles ramen 34
Poulet satay 18
Poulet sauté aux épices 33
Poulet sauté au basilic 40
Poulet teriyaki 43
Poulet yakitori 45
Salade vietnamienne 44
Soupe au poulet et au maïs 06
Tom kai gai 05

RIZ
Cuisson 02
Chirashi sushi 61
Maki sushi 14
Nasi goreng 49
Riz gluant 78
Riz noir gluant 77
Riz sauté aux crevettes 60
Riz pour sushi 03
Temaki sushi 62

SAGOU
Pudding au sagou 82

SAKÉ
Poulet teriyaki 43
Poulet yakitori 45

SALADE
Bœuf sauté 23
Larb de porc 19

Salade de bœuf au sésame 25
Sung choi bau 20

SALADES COMPOSÉES
Calamars au piment doux 50
Légumes marinés 69
Salade de bœuf au sésame 25
Salade épinards-haricots 72
Salade vietnamienne 44

SAUCISSE CHINOISE
Huîtres à la chinoise 51
Riz sauté aux crevettes 60

SAUMON
Chirashi sushi 61
Clay pot salmon 57
Sashimi 17
Temaki sushi 62

SHIITAKE
Omelette chinoise 67
Poulet sauté aux épices 33
Sung choi bau 20
Tempura de légumes 64

SOUPES
Soupe au miso 07
Soupe au poulet et au maïs 06
Soupe pho 08
Tom kai gai 05

SURIMI
Maki sushi 14

SUSHI
Riz pour sushi 03
Chirashi sushi 61
Maki sushi 14
Temaki sushi 62

THON
Chirashi sushi 61
Sashimi 17

TOFU
Curry de potiron 66
Curry vert de légumes 65
Nouilles aux légumes 71
Pad thaï 35
Soupe miso 07
Tofu agedashi 63
Tofu vapeur au gingembre 70

TOMATES
Nasi goreng 49
Curry de potiron 66

WAKAME
Salade épinards-haricots 72
Soupe au miso 07

VERMICELLES
Bo bun 28
Nems 10
Rouleaux de printemps 09

REMERCIEMENTS

Concevoir un livre de cuisine n'est jamais le fait d'une seule personne. Aussi, j'aimerais remercier toutes celles et tous ceux qui m'ont permis de construire celui-ci.

Chez Marabout, merci à Jennifer pour son implication dans toutes les étapes du projet et pour le plaisir que j'ai eu à travailler avec elle ; merci aussi à Emmanuel qui a créé une mise en page originale et pour son travail sur les couleurs. Merci également à Catie Ziller, qui a assuré la cohérence de l'ensemble à un stade bien avancé de sa grossesse.

Une pensée pour Clive Bozzard-Hill, le joueur de mots croisés le plus intelligent que je connaisse mais qui fait aussi des merveilles en photographie et pour mettre en scène les ingrédients. Et une autre pour sa femme, Jane Bozzard-Hill, qui a conçu le livre et organisé l'agencement des photographies. Merci aussi à Zoe et Lucie, pour les grands sourires qu'elles rapportent tous les jours de l'école et pour m'avoir permis de disposer de leur salle de jeux.

Merci encore à mes assistants en cuisine : Sarah Delulio, Rob Allison et Belinda Altenroxel. À Byron, Sasha, Caitlin et Elice pour le joyeux tumulte dans lequel s'est déroulé mon séjour chez eux : merci de m'avoir permis de retrouver mon âme d'adolescente.

Merci à mon bras droit, Tracey Gordon, qui fait que mon travail me procure tant de joie : c'était vraiment bon de me retrouver une fois encore aux fourneaux à vos côtés, vous la meilleure cuisinière de l'Ouest. Quel plaisir aussi de travailler à nouveau avec mon éditrice Kathy Steer, dont l'œil avisé a le don incroyable de calmer mes angoisses jusqu'à l'autre bout du monde. Et merci à Annie, l'amie chère à mon cœur, qui s'est chargée de mes affaires quand je me trouvais au-delà des mers.

Pas question de laisser passer un livre de cuisine sans une mention spéciale pour ma chère Pridey, ma fille chérie ; ceux qui n'ont pas de chien me prendront pour un phénomène mais ceux qui en possèdent savent que leur amitié est incomparable. Merci à Dave d'avoir pris soin d'elle quand j'étais à Londres pour préparer ce livre.

Pour finir, merci à mes amis et à ma famille, qui sont le tuteur sans lequel je ne pourrais tenir debout. Votre amour et votre soutien patient valent bien plus que toutes les actions du groupe Macquarie.

Copyright © Marabout 2008.

Le droit moral de Jody Vassallo à être reconnu comme l'auteur de son livre est garanti par le Copyright, Design and Patents Act 1988.

Édition anglaise : Catie Ziller
Photographies : Clive Bozzard-Hill
Direction artistique : Jane Bozzard-Hill
Suivi éditorial : Kathy Steer
Traduction et adaptation : Élisabeth Boyer
Correction : Marie-Charlotte Müller

Pour l'éditeur, le principe est d'utiliser des papiers composés de fibres naturelles, renouvelables, recyclables et fabriquées à partir de bois issus de forêts qui adoptent un système d'aménagement durable.
En outre, l'éditeur attend de ses fournisseurs de papier qu'ils s'inscrivent dans une démarche de certification environnementale reconnue.

Codification : 4044970/01
ISBN : 978-2-501-05592-5
Dépôt légal : avril 2008
Achevé d'imprimer en Espagne par Graficas Estella